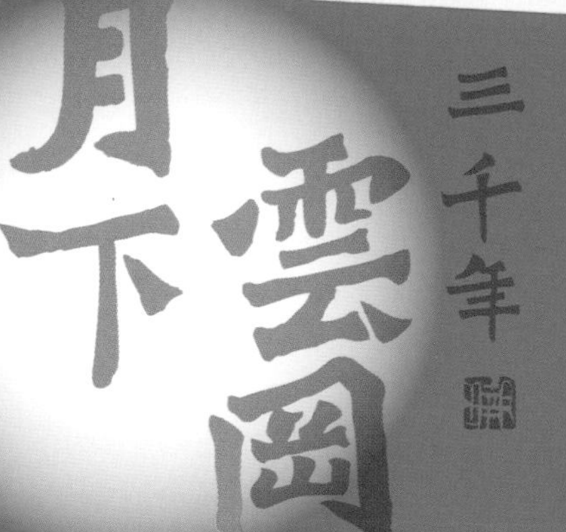

月下雲岡 三千年

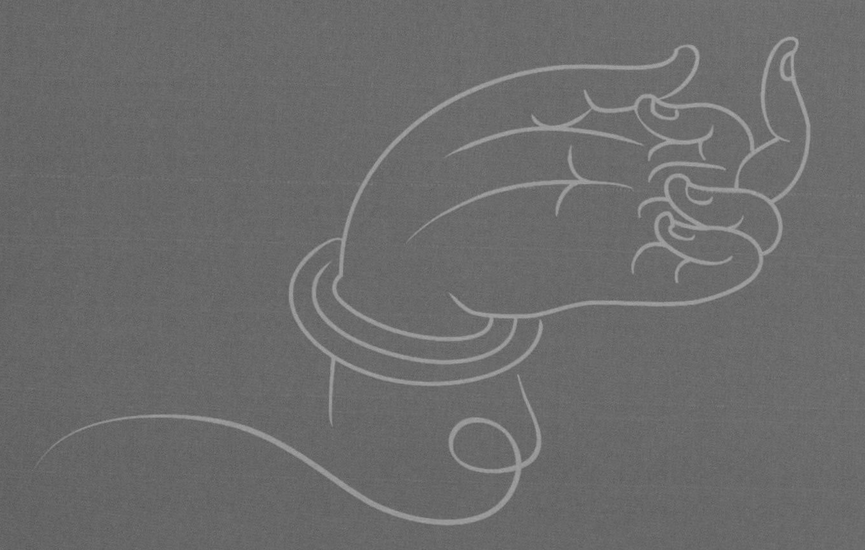

千年之約，

THE BANQUET WITH THE MOON AT YUNGANG

一場啟動

覺性工場 著

六覺幸福的盛會！

序

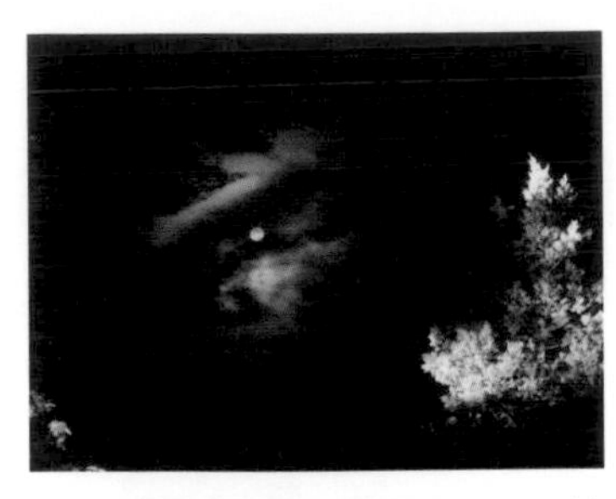

圖：肯贊閣下於月下雲岡晚宴時，拍下天空的「佛眼之月」。

佛眼慈照 • 月下雲岡

雲岡石窟歷史悠久，是聯合國教科文組織認定的世界文化遺產，同時也因石窟清楚描繪西元前五世紀佛教在中國興盛的樣貌，使得此地成為佛教聖地。得知雲岡石窟輝煌的背景，令我十分喜悅。數不盡的大型窟龕和上萬尊刻工精美的大佛像躍然於岩壁之上，這些都在一千五百年前所做，可謂當時風格別具的佛教藝術達到巔峰的最佳見證；同時期的中國文明也透過石窟可見一斑。中國政府在一九六一年將雲岡石窟視為重點文化遺跡加以保存的決定非常明智，後續的修復、維護與開發工程都值得讚許也令人欽佩。

雲岡昔日的燦爛，今日的宏偉、文化與宗教上的重要性，還有觀光價值，都令人讚歎，但能在其上畫龍點睛，讓千年古佛重耀人間者，除了洪啟嵩大師之外，還有誰能構思出如此深具傳奇色彩的活動？在聖地之上，在佛陀祥和的慈目下舉辦月下晚宴來慶中秋。月下晚宴的發想令人動容，那就是回溯過去一千五百年，藉由別出心裁的晚宴，展望今後一千五百年，以促進世界大同、人間幸福與地球和平。

晚宴之所以獨特，幾乎成為一場超越宇宙的經驗，正在於它具備諸多特點，包括難得的貴客、特地為今晚所編的音樂舞蹈表演、專為此次晚宴設計的別緻美饌、洪大師過人的藝術才華。而讓這一切變得格外聖潔，則是佛陀的佛眼以滿月之形帶給眾人的庇佑。洪啟嵩大師、雲岡石窟研究院張焯院長，和他們認真熱情的工作人員費盡心思，讓當晚成為永難忘懷的歷史性一刻。即使是晚宴特製的陶器與餐具也得到每位參與者的讚賞，一一帶回家做為紀念和收藏品。

有幸在這歷史一刻停留，對於我們這些相信靈性與神性的人來說，吉兆早在二〇一三年九月十八日就出現了。我們在北京雍和宮參觀的行程剛開始，首先看到一隻鷹在空中盤旋。接著，從飛機降落山西大同機場，一直到下榻旅館，沿途傾盆大雨。但在隔日清晨，也就是九月十九日，天氣卻忽地轉好，前往大同市華嚴寺拜訪之際，竟目睹一道圍繞著太陽的彩虹。從大同市區到雲岡石窟的路上，陽光普照伴隨著濛濛細雨，這正是不丹信仰中視為吉兆的「花雨」。這些令人難以置信的神蹟後來繼續出現，順利讓我們完成接下來上海、浙江省安吉縣和深圳的行程。

對我和妻子佩瑪來說，這是佛教徒一生罕見的機緣，更難得的是成為洪大師追求地球和平、安祥、幸福大業的一份子。二〇一三年九月十九日正好落在不丹曆陰水蛇年八月十五，當月的大吉之日。能夠在良辰吉日來到大同，在千年古剎與雲岡石窟祈福祝禱，我們認為這應該是前世累積善業帶來的福報。

我們在沒有事前安排的情況下還能上五台山參拜，更足以證明冥冥中定有神佑。五台山在不丹稱做 Gya-Nag（中國）-Riwo（山）-Tse（頂）-Gna（五），代表著智慧菩薩，文殊師利的法座。我們二〇〇八年訪北京時，做了所有努力，最後卻未能走訪五台山，徒留遺憾，想不到多年的夢想如今竟在一夜之間達成。來到環境優美，安祥靜謐，也是全球佛教聖地，我們向菩薩祈求智慧與力量，讓我們向著洪大師擘畫出的幸福地球力，共同在地球上推展慈悲、和平與幸福。每個不丹人都盼望一生當中能上五台山朝聖，就好像印度的菩提迦耶是非去不可一樣。

結束了月下雲岡之旅，在上海 21 文化公司、磨鐵出版社與安吉縣政府共同邀請下，我和洪大師一齊前往安吉縣出席研討會。會議以安吉的GNH幸福力為主題，另外還有二本新書發表，分別是《幸福是什麼？不丹總理吉美 ・ 廷禮國家與個人幸福 26 講》與《幸福不丹・幸福安吉》。這是此次中國行的另一個亮點。安吉縣訂出「美麗中國，幸福安吉」綱領，在中國境內率先推動幸福的公共政策。能來到安吉縣，親身體察縣政府推動人民幸福的成果，實在是難得的緣分。據我所知，安吉縣是繼不丹 2007 年提出以 GNH 指數測量社會幸福程度之後，唯一應用 GNH 指數的政府機關。在心思細膩的洪大師安排下，不丹和安吉就這麼串連起來，分享彼此的經驗，也才有《幸福不丹・幸福安吉》一書的問世，但我們的終極目標還是使幸福超越不丹與安吉的疆界，追求地球幸福力。

我的妻子安姆・佩瑪・多瑪（Aum Pema Doma）跟我，在此向洪啟嵩大師表達由衷的敬佩，感謝他帶給我們畢生難得的月下晚宴，讓我們有機會在雲岡石窟為洪大師宏大的地球幸福力願景獻上誠摯的祝願，盼望地球幸福早日來臨！

不丹前總理 **肯贇・多傑** (Lyonpo Kinzang Dorji)

The Banquet with the Moon at Yungan

Preface

I felt blessed to have found out that Yungang is not only a historical and UNESCO cultural heritage site but also a very holy place for Buddhists as Yungang Grottoes clearly depicts that Buddhism was flourishing in China as early as the middle of the 5th century AD. The existence of numerous large grottoes and thousands of beautiful huge Buddhist statues carved out of the rocks, done some1500 years ago, are a living testimony not only to the unique and what is considered as the peak of Buddhist art work, but also to Chinese civilization at that time. The wise decision of the Chinese government in 1961 to preserve it as one of the key cultural relics and its subsequent restoration, preservation and development works are truly commendable and very impressive.

But in spite of its past glory, the present grandeur, the cultural and religious significance, and present-day tourism value, none other than a special and extraordinary person like Master Hung Chi-Sung could have conceived such a fairytale-like affair of hosting a grand banquet to celebrate the Chinese Moon Festival on this sacred site under the reverent eyes of the Buddha himself. The intention, which was very profound and powerful, was to promote peace, harmony and happiness by remembering history made 1500 years ago, and to make history through this special and unique banquet to envision history 1500 years hence.

What added to the truly unique and transcendent experience of the Banquet was among many things, the very special group of guests who joined the celebration, the very special performances of music and dance specially composed and choreographed for this unique occasion, the delicacies from the rare menu prepared from special recipes only for this banquet, the display of rare artistic talent of Master Hung, and to top it all, what made it very spiritual and almost divine was the Lord Buddha himself blessing the gathering with his watchful eye in the form of the Full Moon hovering above us. Master Hung Chi-Sung, Mr.Zhang Zhuo, President of Yungang Grottoes Academy, and their dedicated and enthusiastic colleagues and staff had left no stone unturned to make it a truly historic and memorable event. Even the crockery and cutleries specially made to order for this grand occasion was appreciatively taken home by everyone as souvenirs and memorabilia.

For those of us who were fortunate to be part of the historic event and believe in spirituality and divinity, the auspicious signs were obvious starting on September 18, 2013 from the Lama Temple in Bejing where our formal programme started when an eagle was sighted circling above us. When we landed at Datong airport it was raining heavily all the way to the hotel. But the morning of September 19, 2013was a beautiful day and when we were visiting the Hua-Yen Temple in Datong city, we were blessed with a rainbow encircling the sun. On our way from Datong city to Yungang Grottoes, although the sun was shining brightly, there was a slight drizzle at the same time an auspicious sign termed ‘flower rain’ according to Bhutanese beliefs. This unbelievable divine intervention continued to help us throughout our trip through to Shanghai, Anji County and Shenzhen.

For my wife Pema and me, it was an opportunity of a lifetime not only as Buddhists but to be part of Master Hung's crusade for peace, harmony and happiness on earth. The 19th of September, 2013 corresponded to 15th Day of 8th Month of Water Female Snake Year according to the Bhutanese calendar, which is considered the most auspicious Day of the month. To be able to visit, offer our prayers and seek blessings at a number of very old temples in Datong City and at the Yungang Grottoes on this auspicious day, we felt, could possibly be because of some good 'Karma' we had performed in our previous lives.

It was surely due to a miraculous and divine blessing that we were able to pay an unscheduled visit to Wutai Shan, or rGya-Nag-Riwo-rTse-lGna as we call it in Bhutan, the seat of the God of Wisdom, Manjushri or Jampel-Yang. The prayers we had made in Beijing in 2008 when we could not make it to Wutai Shan in spite of our best efforts was answered and our long cherished wish and dream fulfilledovernight. In this very beautiful, tranquil, and one of the holiest places of Buddhism on earth, we were able to pray for wisdom and strength to enable us to promote compassion, peace and happiness on this earth in line with Master Hung's vision for Gross Earth Happiness. It is the ultimate wish of every Bhutanese to visit Wutai Shan once in one's lifetime similar to that of Bodhgaya in India.

The invitation extended by Shanghai 21, Shanghai Century Publishing Group, Motie Publishing House and Anji Local Government to Master Hung and me to Anji County to participate in a symposium on Anji GNH Index and launch of two books namely, "Happiness: A shared global vision" and "Happy Bhutan, Happy Anji" was another highlight of our trip to China. It was indeed a rare opportunity to be able to visit Anji County which has been in the forefront of promoting happiness as part of its policy in China under the guidance of 'Beautiful China and Happy Anji Strategy', and experience first-hand the tremendous achievements made in this regard. Anji GNH Index is, as far as I know, the only GNH Index after Bhutan's attempt to measure happiness through its GNH Index initiated in 2007. So, it was very thoughtful of Master Hung to try to bring Bhutan and Anji together to share our respective experiences which resulted in the publication of the book, "Happy Bhutan, Happy Anji", but with the ultimate aim of taking the goal of happiness beyond Bhutan and Anji towards Gross Earth Happiness.

My wife, Aum Pema Doma, joins me in expressing our heartfelt gratitude to Master Hung Chi-Sung, a divine person himself, for giving us this once-in-a-lifetime opportunity to be part of a very special banquet with the moon, and in offering our humble prayers that Master Hung's grand vision and quest for Gross Earth Happiness be achieved without any obstacles besides subscribing whole-heartedly to the prayers engraved with our names at the Yungang Grottoes.

Lyonpo Kinzang Dorji
Former Prime Minister of Bhutan

序

揭開 21 世紀雲岡中興的序幕

雲岡石窟是西元五世紀中西文化共鑄的歷史豐碑，是舉世聞名的佛教藝術寶庫，於 2001 年被列入聯合國世界文化遺產。

作為西來像法在中華大地綻放出的第一朵奇葩，雲岡石窟一改蔥嶺以東石窟寺泥塑、壁畫、木雕等藝術模式，直接比照印度的大型石窟建築，在東方首次營造出氣勢磅礴，全石雕性質的佛教石窟群。同時，廣泛吸收中外造像藝術精華，兼容並蓄，融會貫通，成為中國早期佛教藝術的集大成者。雲岡造像從前期西域風格，到後來發展出的華夏新式，集中展現了印度西來像法逐步中國化、世俗化的演進過程，堪稱中華佛教藝術發展的里程碑。

西元 2013 年，喜逢雲岡石窟開鑿二十六甲子紀念。吾人畢生致力於雲岡石窟研究及人類珍貴文化遺產之守護，如何讓千年古佛在 21 世紀重新發光發熱，傳承千年？一直是吾心之所繫。地球禪者洪啟嵩老師，深知雲岡豐厚的文化底蘊，能導引人類未來走向光明幸福，因而舉辦月下雲岡三千年盛會。與地球菁英共聚月下雲宴，心極喜之，

賦詩曰：

皓月當空，天穹如水；月下雲岡，千年一會。
兩岸名伶，絕藝神彩；亦歌亦舞，信雅信美。
金色如來，侖奐奇偉；人生幾何，心宴永懷！

期待此一盛會為 21 世紀雲岡中興揭開序幕，共啟人間未來黃金千年！

雲岡石窟研究院院長　張 焯

序

月下雲岡 • 賢者心宴

輕晬銀盤凌霄漢　夜宴雲岡賢者心
五萬如來千年會　天下大同覺眾生

故事從一千五百年後開始說起。

公元 3453 年，雲岡石窟開鑿後的第五十個甲子，眾賢者於月宴相聚，發現一石碑，銘刻「月下雲岡記」，記載著 2013 年眾賢者於月下雲岡相會的因緣，及與會者的姓名。而2013年這場聚會，竟也是早在西元453年，雲岡石窟開鑿之時，就已約好的。

21 世紀，是人類向上昇華或向下沈淪的關鍵時刻。人類即將從地球時代邁入太空時代，我們的身心是否準備好了呢？未來是星際和平，或是星際大戰，端視我們此刻如何描繪未來。2008 年，我在美國哈佛醫學研究中心，指導科學家「放鬆禪法」，計劃運用在未來人類長途的太空旅行，讓大家的身心時時保持在放鬆的狀態，從個人身心的和諧，擴大到自身與他者，自身與環境的和諧，如此星際大戰發生的比例也會降低許多，人類也能演化到新的地球與太空黃金紀元。

如何讓歷史寫下，為人間創造未來的正向能量？

如何為現在通向未來，建造一條康莊大道，讓人類走向更光明的未來？

這是我不斷在思惟的。因此，我以「天下大同 • 人間幸福 • 地球和平」，作為「月下雲岡三千年」的核心精神，期盼透過每一個人與自心佛陀的對話，產生正向心念，共同來完成。這是一個「空性的運動」，是一種動態的圓滿過程。也就是「有一個人」的精神；每一個「一個人」的發願與努力，交織成美麗幸福的人間。

歷年來，我在印度菩提伽耶、中國雲岡石窟、尼泊爾雪山前、不丹等地，持續藝術創作，以覺性行動藝術，在世界重要的聖地，留下地球曼荼羅。2008 年，我在印度石窟之母—阿旃塔石窟持蓮花手觀音洞前，寫下 3 公尺 X10 公尺的心經前半卷，而後半卷則於 2011 年在雲岡圓滿，名為「阿旃塔 ・ 雲岡心經」。它象徵了佛法從西天傳到東土，「印度佛 ・ 中華禪」的傳承之路。

當時，我也在宣紙上為雲岡大佛畫了13X25公尺的書法素描，並在落款中寫下：

雲岡中興會 雲巖五萬佛 法界同欣慶 天龍寂悅眾

雙虹覺光注 地球自圓明 眾生全如來 合十喜樂生

辛卯雲岡中興之際 諸佛同喜加持

於此大佛 一心頂禮供養

從2009年初訪雲岡，2011年雲岡寫大佛，到2013年月下雲岡三千年，一步一步，期待21世紀的雲岡中興。

為什麼是在雲岡？雲岡是印度、中華、鮮卑等各種原形文化激盪交融的大時代舞台，從印度佛到中華禪的轉化，經過鳩摩羅什、僧肇大師等諸位偉大祖師的努力，以思想的濃度、厚度和精確度，開啟了一個偉大的時代，透過了曇曜大師等的盛緣，形成了雲岡的佛像。雲岡，既有深厚的傳承，又有創新的跳脫，讓所有身處其中的人，自然而然深刻地融入這樣的生命境界。期待21世紀，雲岡以佛法深厚的底蘊所開展出的藝術奇葩，用更入世的溫柔風貌，引導世人走向光明幸福的未來。

2013年，我在台灣出版了《幸福是什麼？不丹總理吉美 • 廷禮國家與個人幸福26講》，邀請不丹前總理肯贊閣下到台灣，以不丹實行了四十多年的GNH（國家幸福力），點燃台灣的幸福之火。同時，我也提出了從GNH走向GEH（地球幸福力）的觀點。

在此，我十分期待，以幸福地球三部曲，做為人間正向演化的進程：

「覺性地球」：打造地球成為身心健康覺悟的良好學習環境。

「淨土地球」：從自身到外境圓滿幸福的地球。

「宇宙地球」：將地球珍貴的覺性精神，奉獻給整個宇宙。

月下雲岡三千年，這場千年之約，夢中之夢，讓我們從過去、現在到未來，無論身在地球或是其他星系，生生世世，為著全體生命的覺悟幸福精進努力。

月下雲岡三千年，正是這一群賢者永誌不渝的約定。

這一群賢者，是你，是我，是每一個發起追求自他幸福覺悟之心的生命。

敬邀您一起參與這部波瀾壯闊的法界大劇，為人間的未來，搭出一條覺悟幸福的康莊大道！

地球禪者 洪啟嵩

第一幕

公元三四五三年・未來時空大企劃

緣起

公元 3453 年，雲岡開鑿之後的第 50 個癸巳年，
月下雲岡之宴，發現一銘石，
記載著 2013 年一場雲宴，中秋之夜，
諸賢者於雲岡五萬佛前月下盛會，
相約於第 50 個癸巳年雲岡再聚。

雲岡花月善人如雲集 賢者同宴心
天樂淨鳴空 散華普圓眾生喜
合十禮佛誠 蓮步輕影下覺岩
一念了了 喜會三千年 古來中秋鏡 一樣新
清空玉蟾懸銀盤 普明一切境
古桂含清露 吐出妙香馨
點那劫波若恆沙 踏浪吟頌偈來
彈指輕看多少寒暑 詠詩運時輪
青春依舊少年佛 更望現前人 福起世間 相續覺眾生

星際訪察團

第一篇

雲岡石窟為中國三大石窟之一，建於公元 453 年，位於山西省大同市城西十六公里的武州山南麓，十里河北岸。石窟依山開鑿，東西綿延一公里，現存大小窟龕二百五十四個，主要洞窟四十五座，造像五萬一千餘尊，被譽為中國佛教藝術的巔峰之作，代表了五世紀世界雕刻的藝術高峰，也是中西文化交融的歷史豐碑。2001 年，雲岡石窟正式被聯合國列入世界文化遺產。

從公元 5 世紀到 21 世紀，乃至未來，雲岡以佛法覺型藝術的深厚底蘊，所開展出的藝術奇葩，以石刻圖像訴說著佛陀與無數悟道的聖弟子生命的大覺之旅，以文化藝術做為人間和平幸福的促進者，將地球珍貴的覺性幸福，貢獻給宇宙。公元 3453 年，地球的雲岡石窟已經成為各星系的居民最喜愛的休閒旅遊地點之一。除了朝禮地球早期的文明藝術，這裏更是銀河禪定培訓中心。在遙遠的太空旅行中，冬眠時必備的學科「放鬆禪法」、「睡夢禪法」，以及培訓地球和外星球佛寶寶成為星球領袖的「SC 超專注力」教育中心，都設在雲岡太空站。

緣起

公元 3453 年，星際訪察團搭乘企業號太空船，降落在雲岡。雲岡石窟的豐富的雕刻，記載著地球上第一位覺性導師—釋迦牟尼佛一生的故事，以及來自各星系他方世界的諸位佛陀與菩薩們，是宇宙間重要的覺性文化教育基地。

來自銀河各星系與地球各地的＜月下雲岡＞團員，分別搭乘著企業號與維京集團的銀河號，在地球公元 3453 年抵達雲岡上空。

在太空船降落前，服務人員以甜美的聲音，透過廣播貼心地提醒著：「各位旅客，地球－雲岡太空站即將抵達，請大家下船前記得把身高縮小，以免行動不便。因為地球人的身高只有 200 公分左右，地表設備都是以這個使用規格設定的哦！」這讓許多第一次來訪地球的外星小朋友非常興奮，他們充滿了好奇，不斷地問著爸爸媽媽：「地球人長得什麼樣子呢？他們有幾個眼睛？他們有幾隻手？他們需要吃東西嗎？他們也像我們有蓮華飛行器嗎？」

「我們的祖先也是來自地球哦！」媽媽慈祥地摸摸小樂的頭，微笑地說著。小樂一家來自西方遙遠的極樂星，由太陽往西經過十萬億佛土的距離，星球的構成物質是由金、銀、琉璃等各種珍寶，整個星球沒有高山、海洋，和凹凸不平的地表，都是平坦沒有雜質的黃金大地，非常壯觀！

極樂星不像地球有酷熱的夏天和嚴寒的冬天，而是隨著個人身心感覺舒適而呈現怡人的氣候。這個星球是宇宙間非常著名的教育星球，以優美舒適的環境和適合不同階段進修的覺性課程著稱。此地是地球人移民的熱門星球之一，很多地球上的居民，在此生地球的旅程結束之後，極高比率的人選擇下一站移民到極樂星。

只是，雖然申請的人很多，但是大多數的人都是臨時抱佛腳，準備不足，無法符合入境條件。小樂的祖先很有智慧，從年輕時就開始研究移民極樂星的要件，包括生理條件、心理條件，與外在的環境配合，社會公益的參與程度以及心靈修練境界，他都一一努力達到，因此不但順利移民，更是極樂星的「榮譽公民」，獲贈象徵最高榮譽的九枚金蓮花勳章。

雖然在極樂星只有短短的時間，但是小樂一家人再回到地球，已經是地球時間一千多年之後的事了。第一次回到地球，讓小樂又興奮、又好奇，這個久遠前的故鄉，在心靈的深處，還是有著遙遠的記憶。怎麼說呢？極樂星的居民其實是不必吃飯就能支持生命存活的，但是很多從地球移民來的人，都還有著吃三餐的習慣。因此，多功能的吧台，能隨每個人心中所想，變化各種家鄉味的食物飲料。所以小樂雖然不是在地球長大，也「吃」過水餃和義大利麵，「喝」過珍珠奶茶。

偶而爸爸媽媽會帶他去海邊看鯨魚，讓噴出來的巨大水柱追著跑，小朋友們驚叫著笑著跑著跌成一團。當然，在沒有高山與海洋的極樂星，這一切都是高科技影音的虛擬實境，純粹是為了安慰來自各個星系的移民者，抒解對故鄉的懷念。

突然間，有一個外星球小朋友臉色轉成蒼白，大顆大顆的冷汗從額頭上不斷滲出。小朋友的媽媽驚慌地叫著，空服人員聽到聲音也趕了過來。

極樂星（極樂世界）小檔案

方位：娑婆世界地球西方過十萬億佛土
識別標幟：八葉紅蓮花
創建者／校長：阿彌陀佛（含意：無量光、無量壽）
副校長：觀世音菩薩及大勢至菩薩
創建動機：建設宇宙間最美麗、最適合居住，最能幫助生命幸福覺悟的世界。
星球構成物質：金、銀、琉璃、硨磲、瑪瑙等寶石
建築：以黃金七寶等建築而成的寶樓閣
生態環境：
沒有動物、昆蟲等，但會有化現的珍貴禽鳥及逼真的鳥鳴，讓人聽了身心和諧清明。森林樹木也是七寶構成，微風吹動時，寶石相擊之聲形成種種美妙的音樂。寶池中生長著各色蓮花像車輪那麼大，青黃赤白等種種彩色蓮花，就像花中蘊含著太陽，放出無量光明。
氣候：無春夏秋冬，氣候四時宜人。
居民特色：單性，從蓮花化生，出生即具身光與神通力，壽命無量。
飲食：不需飲食，若希望飲食者，會自然化現，吃飽時桌上的一切自然消失，不必洗碗盤。
記載文獻：《阿彌陀經》、《觀無量壽經》

「各位旅客，太空船上有一位小朋友身體不舒服，請問本團成員中，有沒有醫生或護士？有的話請到座位 B-10-2 協助。謝謝您！」空服人員廣播之後，戴著眼鏡的先生，他的藍皮膚在身上的白袍映照下更加明顯，領口別著古老藥壺圖騰勳章，讓人一眼就認出他是來自宇宙醫學最高學府的琉璃星藥師國。他就快步來到小朋友的座位旁，熟練地拿出提箱中的儀器，專心地為小朋友進行檢查。

「醫生，我的孩子怎麼回事？」媽媽緊張地問著。「哦，沒事的。這是不是他第一次長時間太空旅行？」醫生問著。

「是啊！」媽媽猛點頭。「很多小朋友第一次進行長時間的太空旅行時，都會產生不適應的壓力狀態。」「你喜歡在大海中浮潛嗎？」醫生輕輕地握著他的手，微笑著，露出潔白整齊的牙齒。小朋友看著藍皮膚的醫生，認真地點了點頭。

他所居住的星球，有著著名的美麗海岸，那裏的海水晶瑩澄澈，就像流動的藍寶石閃耀著金光，星球上的居民個個都是水中蛟龍，經常在大海中潛浮。

當小朋友想到在水中的浮潛的情景，緊張的感覺忽然消失了，身體好像漂浮在水中，好輕鬆，好舒服。「醫生叔叔的藍皮膚，好像泛著金光的藍色海洋，那麼亮，那麼透。」

想著想著，他的額頭不再冒出冷汗，蒼白的臉龐也恢復了血色。媽媽感激地向醫生道謝。

琉璃星（淨琉璃世界）小檔案

方位：娑婆世界地球東方過十恆河沙佛土之外
識別標幟：藥壺
創建者／校長：藥師佛
副校長：日光菩薩、月光菩薩
守護系統：藥師十二神將
創建動機：幫助一切生命遠離病苦
星球構成物質：淨琉璃及一切七寶所成
特色植物：樹葉成佛形狀，放出無量光明，稱為「佛波羅蜜」，或成菩薩形，放出種種音樂，稱為「三昧總持」。
飲食：有種種上妙飲食
居民特色：沒有各種疾病，身形端正，沒有聾者、盲人、駝背，聰明黠慧，端根完具。
記載文獻：《藥師如來本願功德經》

琉璃星在宇宙間以先進的醫學著稱，星球地表，種植著移植自各個星系，上千億種珍貴的藥草，提供各個星球的健康部門研究。這裏的居民有著特別的藍膚色，像藍色的琉璃寶石一般。琉璃星的校長藥師佛，當初就是因為看到許多生命生病的痛苦，非常悲傷不忍，因此發願將琉璃星球，建設成為宇宙中最先進的醫學健康研究中心。這裏培訓了無數優秀的醫護人員，志願派遣到各星球服務，幫助大家治療疾病，增進健康。各星系最優秀的醫護人員，也都以能來琉璃星做為交換學生為榮。

這次來自宇宙間各星球的家長和小朋友此行來雲岡，除了參觀著名的地球覺性藝術史蹟外，同時也是來參加太空禪定培訓營，這是為了星際間頻繁的長途太空旅行，特別規劃的課程。

這套方法是由地球公元前六世紀印度的釋迦牟尼佛所創發，後來傳到中國。雲岡石窟，從公元五世紀開始，就是禪定學習的勝地。中間經過天災戰亂等停滯了長久的時間，在 21 世紀，在一位被稱為「宇宙流浪者」的地球人，不斷的努力之下，又開始恢復，甚至發展出更加先進的方法，為地球進入太空時代做準備。

3453 年，地球雲岡已經成為宇宙著名的太空禪定課程培訓基地，每年有無數星系的居民，在這裏學習身心放鬆解壓的太空禪定課程。

太空船離地表越來越近，圍繞著雲岡的武州川和茂密的森林也越來越清晰了。

妙喜世界小檔案

方位：娑婆世界地球東方過千佛剎土之外
識別標幟： 五鈷杵
創建者 / 校長：阿閦佛（含意：無怒、不動）
創建動機：建立法界中喜樂無有憤怒的世界
生態環境：土地平坦柔軟，沒有山谷瓦礫。會隨著人的心念生起和風陣陣，發出和雅樂音。
特色植物：星球上有高大的七寶菩提樹，會出生美好的衣服、瓔珞，供人自行取用。
居民特色：長相莊嚴美好，生性善良。女性懷孕、生產時，沒有不適與痛苦。
記載文獻：《阿閦佛國經》

降落雲岡

第二篇

企業號太空船巨大的身軀，降落在雲岡闕門外的停機坪上。艙門一打開，迎面而來的是清新的森林和草地的芬芳。往年這個季節的雲岡是不下雨的，今年很特別，在星際訪察團抵達時，卻下起了太陽雨，細細的水珠在陽光下閃動著，在地球上稱為「花雨」，象徵著幸運和吉祥。

「哇！彩虹！」魚貫下船的旅客們抬頭一看，在太陽的周圍，出現了一圈彩虹，不止是這樣，三道清藍色的霓，長長地劃過天空，到達遙遠的彼端，這美麗吉祥的景象，彷彿是守護雲岡的精靈，精心交織的迎賓圖騰。

「各位星際貴賓，歡迎來到地球雲岡！」雲岡石窟研究院的院長，親自帶著專業的導覽團隊，迎接星際訪察團與地球各國的貴賓。雲岡導覽團隊，引領大家進入雲岡，開始介紹沿途的建築。

首先看到的這座巨大的山門，這是雲岡石窟景區的入口，稱為「雲岡闕門」，建於地球公元 2010 年。

佛寶寶小檔案

虹彩星球佛寶寶－霓霓

霓霓是來自虹彩星球的親善大使。虹彩星球的構成元素是光，星球上的居民沒有實質的形體，可以變成任何模樣，穿透各種物質。霓霓來地球訪問時，地球上的小朋友還送給她不丹幸運的雙彩虹做為禮物哦！

雲岡闕門

「雲岡闕門」，採用中國古代闕的形式，仿北魏建築樣式，讓人彷彿進入時空隧道，回到雲岡石窟開鑿之時的公元五世紀。闕，是中國古代建築中一種特殊的門樓建築形式，大多位於城門、宮殿、宅第、祠廟前，除了有登高守望的功用，壯觀的建築也是身份、地位的象徵，讓進入此門者自然生起威儀肅穆之心。闕門上題有「雲岡闕門」匾額，這四個字是從北宋書法大家黃庭堅的墨寶中集字刻成。

雲岡石窟闕門為漢代石闕形式，台基與闕身巧妙契合，闕身呈側腳式造型，斗栱採用具有北魏特色的一斗三升栱和人字栱，闕頂呈大屋頂結構。中為主闕、兩側為子闕，之間用仿北魏木構建築連接，形成通道，供遊人和車輛出入。

曇曜廣場

經過雲岡闕門，來到一座大廣場，中心矗立曇曜法師的雕像，寬大的僧袍在清瘦的身驅下迎風飄揚，高古清逸、脫俗超凡，帶著智慧的微笑俯視眾生。此尊雕像是由南京大學雕塑學院院長，即當代著名雕塑大師吳為山先生的作品。

曇曜廣場佔地 6000 餘平方米，周邊亭廊建築面積 2111 平方米。廣場東側建戲臺，南、北各開一門，由西開進入石窟主景區的山門，中間由亭台廊道連接。整個廣場及亭廊建築，渲染著濃重的北魏皇家氣象。

佛寶寶小檔案
極樂星球佛寶寶 - 小樂

小樂來自各宇宙中大名鼎鼎的極樂星球，宇宙中最幸福快樂環境中成長的佛寶寶。他對蓮花栽培技術一把罩，他種出的蓮花各色各樣都有，連宇宙中傳說的金色蓮花與七寶蓮花都被他成功地培育出來了。而他所種植的蓮花，則是極樂星球的高級建材，其關係企業生產的蓮花太空船更廣受各界喜愛。小樂還有項特殊本事就是能和花花草草溝通，是宇宙中有名的植物學家。

曇曜法師不僅是雲岡石窟開鑿的創始人，也是北魏寺院經濟制度的制定者與執行者，同時又是著名的佛學和譯經大家，是北魏佛教昌盛的奠基者，在中國佛教文化發展史上有著重要的角色。

曇曜法師本是西域人，自幼出家，後來到佛教一度隆盛的北涼，以「禪業見稱」。439 年北魏滅北涼時，他隨著大批移民來到平城（大同），與其他高僧共同弘法，對平城地區的佛教發展，有著極大的推動作用。因此，受到太子恭宗（拓跋晃）的禮遇。

太平真君七年（446）太武帝滅法時，曇曜「誓欲守死」，與佛法共存亡。後來在太子恭宗再三的勸喻下，才密持法服器物，離開平城，逃亡於山澤，後來輾轉來到中山（今河北定縣）。在雲岡石窟開鑿前，也就是文成帝復法的第二年，他奉

佛寶寶小檔案

地球佛寶寶 - 印度 • 悉達多

悉達多是地球佛寶寶的代表，出生在印度，但是在許多星球也都流傳著他不可思議的故事。聽說他一出生就會走路說話了喔！

詔匆匆離開中山，風塵僕僕地返回平城。

雲岡石窟的雕鑿構想，源自僧人法果，他以「皇帝即當今如來」的說法，來加強皇室進行雲岡石窟開鑿的動機。而後，實際執行這個計劃的人，則是曇曜法師。

公元 460 年，從中山回京的曇曜繼任沙門統，並改稱道人統（管理僧籍的官職）。之後，便立即建議在武州山為皇帝雕鑿佛像。

《魏書‧釋老志》記載著當時的情況：「初，曇曜以復法之明年，自中山被命赴京，值帝出，見於路，御馬前銜曜衣，時以為馬識善人，帝后奉以師禮。曇曜白帝，于京城西武州塞，鑿山石壁，開窟五所，鐫建佛像各一。」

在文成帝復法的第二年，曇曜奉詔由中山返回京師，正逢文成帝出巡，他們在路上相遇。原來文成帝並不識大師，但是皇帝具靈性的馬兒卻上前銜住了曇曜的僧衣。當時，在場的人無不驚異，都認為是「馬識善人」，才顯露了曇曜的身份。文成帝對曇曜奉之以師禮，曇曜建議文成帝，在京城西的武州塞中，鑿山開壁，

上圖　宇宙佛寶寶相約在雲岡會面，通關密語：「宇宙和平，大家快樂！」

建造石窟五所，在窟中各雕佛像一尊。這就今天為世人所驚歎的「曇曜五窟」。

禮佛大道

過了曇曜廣場，往西走，映入眼簾的是壯觀的禮佛大道，兩側十三對「大象馱塔」雄偉莊觀。大象馱塔高 8.73 米，用砂岩雕刻而成，雕像題材的原型來自於雲岡石窟第二期洞窟雕刻，它的原型來自雲岡石窟 9 號、10 號窟前的列柱。

這些佛柱自上而下，分別雕刻有 80 尊小坐佛，生動鮮活的力士，四季長青寓意吉祥的波斯忍冬紋，在塔柱的基座上，並雕有身著鮮卑服飾的供養人。這些雕刻元素的集合，象徵著北魏時期印度文化、中亞文化與漢民族等多元文化的融合。由此也可以看出，作為北魏都城的平城，政治、經濟、文化是相當繁榮發達並非常開放的。

帝后禮佛圖

穿過禮佛大道向西行，呈現在眼前的是兩面相對的弧形皇家禮佛浮雕牆。這組正面相對的浮雕牆總體呈圓弧狀，長約 20

米、高約 4 米，畫面構圖完美，雕刻細緻，以高浮雕的形式，生動表現了北魏皇家盛大的帝后禮佛圖。

北側雕刻的是北魏皇帝禮佛的情景，最前面的一位僧人手托博山爐引導，皇帝頭戴冕旒，身穿袞服，在諸王、中官及手持傘蓋、羽葆、香盒的近侍宮女和御林軍的簇擁下，緩步前行，表現的是北魏皇帝在孝文帝改革後禮佛的盛大場面。南側是皇后禮圖，皇后蓮冠霞帔，手拈香花，在眾宮女的前導、簇擁下迎風徐行，與北側雕刻遙相呼應。

北魏皇帝在推行穿漢服、說漢語、通漢婚等一系列加速民族融合政策的同時，也加快了佛教文化建設的進程。帝后禮佛圖的原型，出自雲岡石窟的西部洞窟，雖然年代久遠風化嚴重，還是可以看得出當年皇室禮佛的盛大場面，與史籍上記載北魏統治者崇信佛教的史實相吻合。雲岡石窟與其他石窟最大的區別就在於，它是唯一的皇家石窟。這組浮雕所表現的帝后禮佛場景則是最好的例證。

蓮花大道

蓮花大道，位於雲岡石窟第二十窟前，連接「接引佛殿」。道路兩側置有 74 座博山爐，為純銅打造。爐蓋雕鏤成山形，上有羽人、走獸等形象。漢代由於受到神仙方士思想的影響，出現了博山爐，博山爐的爐蓋裝飾著神山、異獸、珍禽和仙人，代表漢代流行神仙思想。博山爐中有的設計奇特，例如有設計成一騎異獸的胡人，手托著博山爐爐身，人與獸成為基座，爐身的蓋面為仙山、四靈獸「青龍、白虎、玄武、朱雀」和其他異獸及仙人等。爐中的香煙就從鏤空的孔洞飄逸出來。博山爐的蓋面上，一般都有山峰禽獸和神仙故事。

雲岡二號窟的樓閣式佛塔中，七、八、九、十洞的龕楣，以飛檐、博山爐做為裝飾。在第十洞有北魏時期所雕的飛天，四天飛天捧一博山爐，爐式為有山巒起伏的蓋子、高足豆式的器身，器身兩側有Ｓ形耳。博山爐盛行於漢及魏晉時代。在雲岡石窟中，出產於中國的博山爐，成為來自於異國宗教藝術表現的重要一員。

佛寶寶小檔案
地球佛寶寶 - 法國 • 羅丹

羅丹是奧古斯都公爵 VI 世之子，住在一座古老的城堡中。他對什麼都很有興趣，尤其喜歡拿著彩色筆和蠟筆塗塗抹抹，或拿黏土捏一些小人偶，喜歡嘗試各種新的繪畫藝術。有一次他正拿著毛筆把臉塗黑，打算要直接拓印在畫紙上，正好遇上古堡大停電，讓褓母受到極大的驚嚇。善良的羅丹非常過意不去，之後他就特別注意藝術創作環境的安全，特別是他人的安全。

山堂水殿

穿過帝后禮佛圖跨過一座雕欄玉砌的七孔橋，彷彿來到北魏著名的文學家、地理學家酈道元盛讚的「山堂水殿」。

雲岡石窟依武州山開鑿而成。武州山是北魏早期的靈山聖地，自太宗明元帝拓跋嗣開始，北魏帝王們就將武州山視為拓跋鮮卑民族「祈求福祉、穹靈降佑」的神山，每年都來此舉行祭祀。正因為有這樣的因緣，曇曜才奏請文成帝在此開窟造像。武州山石窟寺竣工後，盛極一時。山水靈秀、殿堂飛拔、佛像生輝、梵香繚繞。

此時的北魏文學巨匠，地理大家酈道元，就生活在京師平城。他在其付出畢生心血的《水經注》中寫道：「武周川水又東南流，水側有石祇洹舍並諸窟室，比丘尼所居也。其水又東轉，逕靈岩南，鑿石開山，因岩結構，真容巨壯，世法所稀。山堂水殿，煙寺相望，林淵錦鏡，綴目新眺。」（《水經注．㶟水》）。

武州川的水向著東南從岩壁前潺潺流過，靜修的石祇洹舍和參禪的岩廬龕窟，傍山依水而建，那是比丘尼們居住的地方。水隨山轉，

等到流過靈岩之南，便可觀瞻到靈山一般的石窟勝境。臨崖開鑿的石壁上，構建著巍峨的殿閣，佛祖的真容，妙法莊嚴，巨壯偉岸，世所罕見。此處山水相依，煙林朦朧，梵宮參差，山與堂、水與殿、煙與寺，各各相望，構成一幅如錦似鏡的秀麗景致。

如今雖然看不到北魏當時的壯麗景觀，但在後來歷次的考古發掘中，都發現了規模壯觀的北魏建築遺跡，這些遺跡成為現代研究《水經注》中描寫「山堂」、「水殿」、「煙寺」的實物佐證。

雲岡景區的「山堂水殿」建築群，建造在一個形似龜背的湖心島上，島區占地 1.5 萬平方米，建築面積 3370 餘平方米。島嶼周邊柱樑懸空，東西兩端橋樑蜿蜒。建築主體由東向西，依次為山門、中大殿、後大殿、南北角樓、中央石雕造像塔、配樓、兩端大法堂、周邊回廊、閣道、四向角門及過門。

中央石雕造像塔是一座仿北魏風格佛塔，中央造像塔在靈岩寺的大雄寶殿前中央，是一座矗立於北魏仿古建築群之間的平面為方形的中央造像塔。此座佛塔系漢白玉雕刻而成，共五層。底層四面雕有釋迦牟尼的佛傳故事，分別為誕生、轉法輪、成道、涅槃。二層以上四面均為佛龕，每一層雕有一尊坐佛、兩尊交腳菩薩。造像塔底部的須彌座上，雕刻著精美的忍冬紋，顯現著鮮明的北魏石雕風格。

後大殿的建築面積就達 1100 餘平方米，數十根木質殿柱直徑近一米，彰顯了當年皇家寺院的恢宏壯麗。酷似神龜的湖心島頭東尾西而建，頭部為一座造型精緻的石質七孔橋，橋柱、橋拱、橋欄分別雕刻蓮花、獸頭圖案。神龜的四個爪，為四座小巧的角樓，龜尾則是另一座觀景橋，活靈活現地甩向西北，和石窟主景區的第一窟相接。

山堂水殿東仰麗日，西沐佛光。東接禮佛大道、南臨十里河水蜿蜒流淌，北依武周山層林疊翠，湖水依依，燈霓如幻，湖邊疊石駁岸，釣岩怪壘，情趣盎然，周邊林徑幽遠，松風豁然，一如酈道元所描寫：「林淵錦鏡，綴目新眺」。

本次星際訪察團來到雲岡石窟的主要目的之一，是為了認識地球第一位覺性導師—釋迦牟尼佛，被尊稱為「佛陀」，意思是「圓滿的覺悟者」。地球上有幾個重要的石窟，都以雕刻或壁畫記載著佛陀一生的故事，其中雲岡石窟保存得非常完整，加上公元五世紀的雲岡（當時稱為「平城」），是地球上各種文化交融的大舞台，所以這裡是研究地球覺性文化、藝術的豐富教材。以下我們就來探索佛陀一生圓滿覺悟的足蹟。

佛陀的誕生

地球公元前五百年左右，人間第一位覺性的偉大導師—釋迦牟尼佛，在藍毘尼園誕生了。

經典中記載，佛陀在投胎前，縝密規劃要投胎的環境、家庭，如何能將度化眾生的效益極大化？最後他選擇了印度迦毘羅衛城的淨飯王和摩耶夫人為父母，種姓階級為貴族剎帝利。

據說佛母摩耶夫人在懷孕之前，曾做了一個很特別的夢，夢到天人為她沐浴更衣。一隻像白雪般的大象，鼻子捲著一朵白蓮華，從右脇進入她的胎中。於是，她發現自己有身孕了。

離預產期越來越近，依照當時的印度習俗，摩耶夫人要回到娘家拘利城待產。迦毘羅衛城和拘利城之間的距離遙遠，就在回去的途中，夫人在藍毘尼園的樹下休息，就在無憂樹下生下

藍毗尼園（Lumbini）

佛陀誕生之地，意思是「花果等勝妙事具足的園林」，是位於迦毘羅衛城和拘利城之間的美麗園林，也是兩國人民的避暑勝地。現在位於今尼泊爾境內。在石柱離地三公尺的地方，刻有阿育王的法敕：「天佑慈祥，王於登二十年親自來此朝拜，因此處乃釋迦牟尼佛誕生之地。茲在此造馬像、立石柱以紀念世尊在此誕生。並特諭藍毘尼村免除賦稅，僅繳收入的八分之一。」藍毗尼園是一個寧靜、偏僻的小村落，村落北方的喜馬拉雅山，雄偉地屹立著。這裡的一切給人一種靜謐，與世隔絕的感覺。

藍毗園內的聖跡

- 摩耶夫人廟：內供養著佛母摩耶夫人產子的雕像，及剛誕生的佛陀，一手指天，一手指地的造像。
- 阿育王石柱（Asoka Pillar）：公元前二四九年，印度孔雀王朝的阿育王曾到此朝禮，並豎立石柱為紀念。唐代的玄奘大師在《大唐西域記》中記載，園林內阿育王石柱的柱頭上本來有馬像，後被雷所霹折，現在柱頭己沒馬像了。
- 佛塔和僧院遺跡：公元六三六年，唐玄奘大師到此地時，還有看到眾多僧人在此修持，但於十五世紀時回教徒入侵，皆被破壞殆盡。
- 聖水池：位於阿育王石柱南面，為佛陀誕生沐浴的水池遺跡。
- 菩提樹：位於聖水池旁邊，與阿育王石柱隔著池水相望。

左圖 雲岡第 6 窟中心塔柱東面 - 佛陀降神投胎前的思維
右圖 雲岡第 6 窟中心塔柱下層西面 - 腋下誕生

太子，剛誕生的佛寶寶站在蓮花上，一手指天，一手指地。

這時，天空中佈滿了天神，歡喜地灑下花雨慶祝著，還有天神拿著天衣等在旁邊等著為誕生的小佛陀包裹身體。微風徐來，空氣中瀰漫著草地和綠葉的香味。剛生下來的小佛陀，觀察四方，自己走了七步，高舉著右手說出了莊嚴的誓言：「天上天下，唯我獨尊，三界皆苦，吾當安之。」

這時大地自然湧現一座大水池，摩耶夫人便用清淨池水沐浴，天上的龍王則從虛空中注下兩條銀鏈似的水柱，一道是清涼的，一道是溫熱的，為小佛陀洗澡。這也就是為什麼佛誕日都要舉行浴佛的儀式紀念，來紀念佛陀的誕生。

天空中演奏著美妙的天樂，各種美麗的天花像雨點般不斷地飄下來，天上美好細柔的天衣也飄落在小佛陀身上，自然地覆蓋著他。

小佛陀的父親淨飯王，是迦毘羅衛城的國王。在小佛陀誕生的那天，國內發生了許多奇異的瑞相，混濁的流水變得清澈甘甜，遍地的鮮花開得特別芬芳美麗，兇惡的人生起了慈悲的心念，生病的人痊癒了，喧鬧的動物忽然寂靜下來，彷彿世間的一切都得到安穩。奇怪的是，即使是住在偏遠地區的老百姓，也相信這些稀有的瑞相是因為淨飯王的太子誕生所致，因此大家都爭先恐後的來到藍毘尼園來朝禮太子。淨飯王知道了以後，非常歡喜地說：「這個孩子一出生就有這不可思議的吉祥瑞相，能圓滿一切福德，成一切善事。就為他取名為『悉達多（Siddharha）』吧！」

印度話「悉達多」是一切皆能成就、財富成就的意思，淨飯王對太子有著深深的期許。摩耶夫人和悉達多太子被迎接回王宮之後，王宮裏上上下下都洋溢著歡樂的氣氛，全國人民也盡情地慶祝著。

無憂樹 － 佛陀誕生的聖樹

「夫人見彼園中有一大樹，名曰無憂，花色香鮮，枝葉分佈極為茂盛，即舉右手，欲牽摘之，菩薩漸漸從右脇出。」《過去現在因果經》

無憂樹為荳科植物，樹幹直立，葉子像槐樹一樣，花紅色，顏色極為鮮豔，相傳佛陀於此樹下誕生。

無憂樹有光滑的灰褐樹幹，高約六至十公尺，無憂花盛開於三月，開花時無論樹幹或細枝上，到處佈滿花朵。開花時新長出來的樹葉柔軟的垂下來，呈現美麗紅色。

為什麼此樹稱為「無憂樹」呢？因為印度人相信這種樹能消除悲傷。在印度教愛神卡瑪手裡拿的五支箭裏，其中有一枝就是用無憂樹作成。

有一天，國內著名的婆羅門教苦行修持者，阿私陀仙人，前來求見淨飯王。淨飯王非常歡喜，並命人將悉達多太子抱出來，希望讓太子禮敬仙人。沒想到小太子腳一伸，卻伸到阿私陀仙人頭上去了，反而像阿私陀仙人以頭禮敬太子的足一般。

淨飯王顯得有些尷尬，阿私陀仙人反而高興地說：「今天我在禪定中，見到天人來告訴我：『淨飯王的太子誕生了，他將是未來的佛陀，能和過去諸佛一樣，宣說廣大的法門，教化人間。所以我今天來這裏，就是特別要來禮敬這位未來的大覺者啊！』」阿私陀仙人顯得有些激動。

悉達多太子在侍者懷裏露出天真的笑容，阿私陀仙人恭敬虔誠地，仔細端詳太子的身相之後，忽然歎息地流下淚來。淨飯王被他的反應嚇了一跳，趕緊問著：「大仙，你為什麼流淚歎息呢？是不是有什麼不吉祥之處？您趕快告訴我啊！」淨飯王著急地問著。

「大王您誤會了，我之所以會流淚，是因為我看到太子的圓滿相好，知道他將來必定是一位偉大的佛陀。只是我想到自己年紀已經這麼老了，恐怕等不到他成佛時的教化，因此感傷流淚啊！」淨飯王聽了仙人的話，心中五味雜陳，他擔心太子出家修行，誰來繼承他的王位呢？

「大王，太子降生人間，是他無窮的生命歷程中，最後一世的受生了。大王您能生下這人間的至寶，不只是您的幸福，更是人間的幸福。此生他一定會出家圓滿修證，成為無上圓滿的覺悟者。」

淨飯王沉吟了一會兒才說：「大仙，太子如果出家了，那誰來繼承我的王位呢？」

「大王！太子是不會貪愛世間的種種享受，戀棧權位而成為富貴的王者。相反的，他會捨棄世間人難捨的王位、權勢、財富，出家修行，成為大覺的佛陀。他將是世間的智慧光明，能除去眾生的煩惱愚痴。」阿私陀仙人歎了一口氣，感歎地說：「可惜我沒有機會親自聽聞他說法了。雖然我已經修得高深的禪定境界，但畢竟還是不能體悟真正解脫的大道。」但是能親眼見到未來的佛陀，阿私陀已經很滿足了。

然而，愛子心切的淨飯王，將仙人的話記在心上，決定要以各種方法來改變仙人的預言，他希望太子還是留在王室，做一個偉大的國王，享受世間的榮華富貴。

下圖　雲岡第 6 窟中心塔柱東面下層北面－阿私陀占相

淨飯王一佛陀的父親

淨飯王是佛陀的父親，為中印度迦毘羅衛國的城主。娶摩耶夫人及其妹摩訶波闍波提為王妃。佛陀為摩耶夫人所生。佛陀成道之後，淨飯王虔誠皈依佛法，並因聽聞念佛三昧而證入聖者之流。

摩耶夫人一佛陀的母親

摩耶夫人是佛陀的親生母親，原來是迦毘羅衛城鄰城拘利城主的女兒，後來嫁給毗羅衛城淨飯王為王妃。
摩耶夫人產下佛陀七日之後即去世，投生於忉利天上。佛陀成道之後，在某一年的夏天上昇忉利天宮為母親說法，著名的孝道經典《地藏菩薩本願經》，就是佛陀在這裏宣說的。佛陀入涅槃時，為了安慰傷心昏厥的摩耶夫人，佛陀並從金棺中現身勸慰佛母，為眾生作了最具體的孝道典範。

少年佛陀

迦毗羅衛國（Kapila-vastu），是佛陀的故鄉，也是佛陀自幼生長的地方。

大約在公元前十世紀左右，原本居住於中亞的遊牧民族雅利安人逐漸南移，慢慢從印度河流域遷移到恆河與亞穆那河的中游地區，吞食了北印度的版圖。

在這些大舉南移的部族中，其中的有一支剎帝利（貴族）階級的釋迦族人，選擇定居於喜馬拉雅山下的平原。傳說釋迦族是由一位英雄「喬達摩」所建立的，（Gautama，又稱為「瞿曇」，意思是「健壯的牡牛」）因此釋迦族就以「喬達摩」為姓。

佛陀出生的時代，正值釋迦族最強盛的時期，人口大約有百萬人，分別居住在十個城市，組成了一個民主的部落式共和國。其中最大的城市為迦毗羅衛，因此一般就以迦毗羅衛為國名。

迦毗羅衛國的政治運作，是由人民推舉公正賢能的人組成議會，並選出一位德高望重的長者為主席，凡是國族間的政事均由議會代表在會議上共同討論裁決。而當時的議會主席，就是佛陀的父親淨飯王。

迦毗羅衛城是一座大城市，到處是園林、街道與市場，並有四座城門，有高塔俯瞰全城。城中並有議事的大廳，處理一切行政與法律事務。城中有許多拱門及高塔，四週為美麗的台地所圍繞。二千五百多年前，釋迦族就有如此進步的民主制度。

佛陀在年少時的生活如何呢？

據說他經常一個人獨自沉思，思索生命的問題。

有一天，又到了釋迦族每年一度的「耕種節」。由於釋迦族以農立國，因此一到「耕種節」，全城都張燈結綵，盛大的慶祝。老百姓和國王、大臣們群聚集在一起，手中拿著耕作用的農具，和農民一起耕種田地，預祝來年豐收。

但是當大家都在狂歡慶祝時，悉達多太子卻獨自一個人在樹下坐禪。淨飯王遠遠的看著太子寂靜的坐禪，不禁深深地嘆了一口氣，他費盡心思，讓悉達多觸目所見，無不是歡樂昇平的青春

迦毘羅衛城

迦毗羅衛（梵Kapila-vastu），意思是「黃髮仙人住處」，為佛陀的故鄉。其遺址位於喜馬拉雅山山麓，即今尼泊爾境內之巴達利亞（Padaria）。在佛陀晚年，釋迦族遭毗琉璃王滅族之後，迦毗羅衛城漸趨荒廢。這裏是佛陀從小生長的地方，他出家前在這裏居住了二十九年，因此有許多佛教聖蹟。

迦毗羅衛城的聖蹟

。淨飯王的宮殿
。摩耶夫人寢殿
。釋迦菩薩降神投胎像的精舍
。阿私多仙人為太子占相之處
。悉達多太子與釋迦族諸位王子比賽角力的地方
。太子的學堂
。太子坐在樹下觀察耕田的地方
。太子踰城出家處
。佛陀成道後，返國為父王和釋迦族族說法的尼拘律樹林、箭泉。
。釋迦族被琉璃王大屠殺的地點。

--《大唐西域記》

04 雲岡第 6 窟東壁 太子較藝
05 雲岡第 6 窟主室東壁 宮中娛樂
06 雲岡第 6 窟東壁 出東門遇老人
07 雲岡第 6 窟東壁 出南門遇病人

歡樂，就是希望他不要看見人間生老病死的無奈。但是，這孩子的心思卻總像能穿透這些表相，看到生命中的真實。

悉達多太子獨自在樹下想什麼呢？

「今天父王帶我來參加這個節慶，無非也是希望我開心。可是我看到農人們汗流浹背的鋤田工作，土裏的蚯蚓昆蟲等，即使能暫時逃過一劫，也難逃被鳥兒啄食的命運，而鳥兒飽食一餐後，也要面對老鷹的獵食，... 這樣環環相扣，最後終不免一死。難道這就是生命最終的結局嗎？」少年佛陀的眼神看著遠方，彷彿是在問著自己。他找不到答案，這個問題像顆大石頭一樣，沉沉地壓在他心上。他在樹下靜靜地坐著，思惟著這些問題。

淨飯王輕輕地走到悉達多旁邊，發現一個奇特的景像：悉達多旁邊的樹蔭都隨著時間移開了，只有覆蓋他的閻浮提樹蔭，卻好像時間停住一般，從頭到尾一動也不動地覆蓋著靜坐的悉達多。淨飯王看見這個不可思議的景象，竟不知不覺禮拜太子的雙足。

為了讓太子不再想起修行的事，留下來繼承王位，淨飯王建造了許多美崙美奐的宮殿，有專為春天和秋天居住設計的宮殿，有專為夏天避暑居住的夏宮，還有冬天住的冬宮。每一座宮殿都極盡華麗之能事。

宮殿外放眼望去，只見一座座五彩繽紛的池塘，每一個池塘都種著不同顏色的蓮花，有藍色蓮花池、紅色蓮花池、粉紅色蓮花池、白色蓮花池…鮮麗的蓮瓣在風中搖曳，空氣中瀰漫著沁人的芬芳，讓人忘記一切憂愁。

佛寶寶小檔案
地球佛寶寶 - 德國 • 穆勒

穆勒一天 24 小時中大概有一半以上的時間都在睡覺，走到哪睡到哪，躺著睡、坐著睡、連站著走著都能睡……睡覺是他一生幸福的重要指數，據他的說法，沒有一個偉大的人是不睡覺的，所以一覺把自己睡成佛，是他偉大的夢想，他正認真地在夢中研究如何實踐他的夢想。

悉達多站在蓮池旁，眼神裏透著憂鬱，有淡淡的感傷。他知道淨飯王的用心良苦，但是他的生命卻像被另一種莫名的力量籠罩著，迫使他無法不看見生命無奈的真實。淨飯王派來陪伴他的侍者和宮女們，為他表演各種精彩的歌舞，他雖然不會拒絕別人的好意，和大家一起觀賞，但是他的身體雖然在那兒，心思卻好像不在那兒，總像有著重重心事。侍者們向淨飯王回報，更加深了淨飯王的憂心。

有一天，淨飯王希望悉達多出去宮外散散心。「悉達多啊！讓車匿駕車帶你出城去逛逛散心吧！你一天到晚都待在宮裏，都快悶壞了。」今天淨飯王特別交代城裏灑掃乾淨，所有的窮人、乞丐、老人、病人、死人，都不准出現在太子出遊的路上，以免太子看見這些景象又觸景傷情，生起出家修行的念頭。

其實，悉達多對遊玩並沒有太大的興趣，但是不忍違背父親的心意，就出城去了。

車匿駕著馬車，載著他到了城裏。城裏的男男女女都盛裝打扮，夾道歡呼，向太子致敬，一片歡樂昇平的景象。

忽然間，原定的路線不知什麼時候有一棵大樹橫倒在路上，許多人來幫忙疏通，但是看起來短時間內還沒有辦法暢通。「真糟糕！只好改變路線了。」車匿自言自語地說著，然後轉向另一條路徑。他們彷彿進入了另一個時空，到了一個完全不一樣的世界。他們看見屋簷下有一個白髮的老人，老到背已經直不起來了，牙齒也掉光了，臉上佈滿皺紋，支著枴杖，全身顫抖，困難地移動著，他們似乎可以聽見老人呼吸喘息的聲音。

佛寶寶小檔案

多眼星佛寶寶 - 羅睺

猜猜羅睺幾歲？偷偷告訴你，只要看看他身上的眼睛大概就知道了喔！在多眼星球上的人，每年生日時都會長一顆眼睛，所以年紀越大眼睛越多。不過也有例外，每做滿 100 件好事也會長一顆眼睛來，但是只要做了一點點壞事眼睛就會萎縮不見。在這星球上，眼睛越多越大的人越受人尊敬。

上圖 雲岡第 6 窟東壁 - 出西門遇死人

「這是什麼？」悉達多問車匿。

「這是老人啊！人老了就會變成這樣，容貌變醜了，體力也差了，連走路都走不動了。」車匿回答。

「每個人都會老嗎？」

「是的，太子。」

悉達多不說話了，陷入沉思之中。

接著，悉達多的目光又被前方的景象吸引住了。那個人躺在地上，不斷地呻吟，表情看起來非常痛苦。

「他怎麼了？」悉達多問車匿。

「他生病了。」

「生病？」悉達多從來不知道人會生病，淨飯王也從不讓他看到年老、生病、死亡等傷心的事，他從小就被用青春與歡樂、富貴等種種快樂的事物，周密地保護著。

「一般人的身體都會生病的，太子殿下。」車匿恭敬地回答。

悉達多顯得有點驚訝。馬車繼續向前走，迎面來了送葬的隊伍，家屬哭得很傷心。「那些人怎麼了？」悉達多不解地問。

「他們的父親死了，那是送葬的隊伍，太子殿下。」車匿據實回答。一行人到了河邊，將死者身邊堆滿木材，開始火葬的儀式，家屬哀戚流淚。

「死人？那個動也不動的就是死人嗎？」悉達多問著。

「是的，殿下。」車匿肅穆地回答。

悉達多目不轉睛地看著死者被火焰吞沒。

「什麼樣的人會死呢？」悉達多問車匿。

「這…每一個人都會死的，殿下。」車匿不能不老實地回答，雖然淨飯王一再交代不能讓太子知道這些事，但是車匿實在不知道怎麼迴避太子的問題。

「每一個人都一樣嗎？」悉達多不可置信的睜大了雙眼。

「是的，殿下。」車匿邊回答邊想著：「這下慘了，萬一回到宮裏大王問起，可怎麼辦呢？」車匿心中不禁開始忐忑不安起來了。

「停車！車匿！停下來」悉達多忽然間被什麼景象吸引，催促著車匿停下車來。「慘了！」車匿心裏叫著不妙，原來前面正好有一位婆羅門教的出家比丘，正在挨家挨戶的托鉢。悉達多從來沒有看過修行人，他被比丘莊嚴安詳的威儀所吸引。

他走到比丘身邊問著：「你是什麼人呢？」

「我是比丘，是出家的修行者。」

「修行者…」悉達多的雙眼亮了起來。

「太子！我們趕緊回去吧！」車匿催促著，他知道淨飯王費盡心思不讓太子生起出家的念頭，更別說是讓太子接近出家的修行人了。

悉達多上了車之後，不斷地回頭望著比丘的身影，修行的根苗也悄然增長著。

上圖 南玥美術館 - 行走的佛陀

苦行林中的佛陀

回到皇宮之後，悉達多更常一個人獨自沉思了。淨飯王派了更多年輕豔麗的宮女，個個多才多藝，不但舞姿曼妙，更是擅長各種樂器，王宮中天天笙歌不斷，一場接著一場的舞宴，歡樂無比。悉達多太子雖然在宴會裏，心思卻是在遠方。

宮人向大王回報太子的反應，淨飯王非常擔心阿私陀仙人的預言即將成真。

他緊急召開會議，要大家想想有什麼方法可以阻止太子出家修行。

「大王啊！您為何不幫太子娶一位美麗的王妃呢？即使是修行高深的仙人，也沒有不被愛情打敗的。如果太子妃再生下孩子，您就不用擔心太子會出家了。」足智多謀的大臣獻上一計。

「對啊！我怎麼沒想到呢？」

於是淨飯王開始積極籌備太子的婚事。在眾多的王女之中，最後選中了拘利城主善覺王的公主，美麗嫻淑的耶輸陀羅為太子妃。

下圖 雲岡第 6 窟南壁 - 出家決定

上圖 雲岡第 6 窟南壁 踰城出家

兩人非常恩愛，淨飯王特別為他們又蓋了許多宮殿，讓太子不再想出家修行的事。

不久之後，耶輸陀羅生下了一個兒子，取名為「羅睺羅」。最高興的莫過於淨飯王了，他心想：現在太子應該不會再有出家的念頭了吧！

沒想到，悉達多心中有另外的打算。尤其是羅睺羅的出生，皇室已經有後代了，他的心中也更無牽掛了。

淨飯王看太子每天沉思的模樣，心中儘管擔憂，也只能吩咐宮女們更加賣力的表演。悉達多為了不讓父王失望，靜靜地坐在宮中，表面上看起來好像在欣賞歌舞，心中卻思維著自己和一切眾生如何脫離年老、疾病、死亡的恐怖。

想著想著，悉達多終於疲倦的睡著了。

正在歌舞表演的宮女們，看見太子睡著了，就停下來在一旁休息。大家都疲憊的睡著了。

一會兒，悉達多醒來了，大家都還在睡夢中。大廳的宮女表演得非常疲累，臉上的彩妝也花了，睡得東倒西歪，平常的費心打扮起來的美麗，完全都不見了，空氣裏甚至有一股汗臭的味道。悉達多感到很驚訝，原來世間的一切是如此虛幻不實。

就在今天夜裏，悉達多決定出家修行。他輕輕走出王宮，叫醒車匿，牽出他最心愛的寶馬犍陟，趁著明亮的月色，悄悄地離開了王宮。出了迦毗羅衛城之後，他們加快腳步向前飛奔，最後在一處樹林停下來。悉達多拔出寶劍，削去自己的長髮，又和一個獵人交換了衣服，將身上的寶衣及寶馬犍陟交給車匿。

「車匿，你回去稟告父王、母后和太子妃，我在未悟生死之前是不會回去的。」

太子如此交待車匿。

車匿這才驚覺太子真的要捨棄王室的一切，走上修行之路。車匿哭著不肯離開，但是悉達多的心意非常堅決，不再動搖，他只好帶著太子交付的東西，悲傷地拜別太子，獨自回去王宮。

悉達多和車匿分別後，懷著求道的心情進入樹林中。悉達多看見許多修行人都以各種奇怪的行為，實踐著各種苦行，有的人用一隻腳站立著，就像隻鶴一樣，長時間保持這個姿勢，一動也不動。有的則是以頭著地、雙腳朝天倒立著，以致頭部充血，雙眼發紅外突。有的人則盤坐在荊棘上，有的人則全身浸在水中，只有頭頸露出水面，全身不斷地發抖著。

有的人則緊挨著火堆旁，讓身體烤得通紅，有的則從早到晚不斷的從頭頂上澆灌著冷水。

悉達多看了很驚訝，不知道他們為什麼要這樣做。於是他請問其中一位長老：「長老！我是為了追求真實覺悟之道而來到這

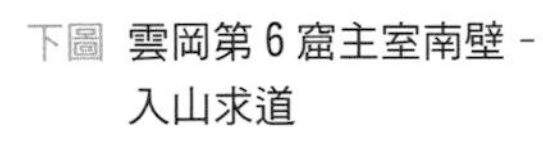
下圖 雲岡第 6 窟主室南壁－入山求道

裏。請您告訴我，如何才能求得真實的覺悟和解脫呢？」

長老打量了這位相貌不凡的年輕人，感到很奇怪的回答：「你來到這裏要追求真實的覺悟，這是我們從來想都沒想過的。我們修行的目的，是為了能投生到天上。而只有今生勤修苦行，才能獲得生天的福報。」長老停了一下，繼續為他介紹苦行的內容：「修習苦行的人，一定要遠離人聚集之處，像這樣的樹林，人煙罕至，就是修苦行的最佳地點。而在吃的方面更是簡單，我們吃只是為了維繫生命，只取清淨水中的綠苔來吃，或是以草根、樹皮、花果之類的食物聊以充饑。我們將乞討來的好食物轉施給他

人，自己就只吃這些簡單的食物。」

他指著那些浸在水中的苦行僧，「你看那些修行者像魚一樣每天浸在水中，他們禮讚滔滔的流水，拜禱光明的日月…修持這種種苦行，在不久的未來，就能招致安樂的果實…」

太子默默的聽完長老的說法，就對長老說：「各位長老所修持的苦行，確實是人間稀有，這種堅決的意志力也非常令人佩服，但這絕不是離苦得樂真實覺悟之道。就算如您所說，修持這些苦行能得到生天的希望，卻還是不能解脫生死輪迴。

像各位這精勤的苦行，卻只希望求得小小的結果，求生天上，享受欲樂，但眼看著又招來更大的痛苦。

如果依照您所說的，修苦行就可以求得福樂，那麼窮人和動物，有的也以樹葉、花果、殘食為生，那他們是否也能得到生天的福樂呢？如果整天泡在水裏就是最上等的修行，那水中的生物不就是第一等的修行人了嗎？」

那些苦行者雖然面露不悅之色，但是對悉達多說的話又無法反

苦行

「苦行」是指為了企求解脫，或是達到生天等種種願望，所採取的折磨肉體的修行方式。佛教中所說的苦行，主要是指印度其他宗教，為了求生天而採用的修行法。苦行的方式有很多類型，而且方式極為怪異，有以灰塗在身上，有拔自己頭髮的，甚至也有吃糞便的。依《大涅槃經》卷十六與《百論》卷上所記載，苦行外道大約可以分為以下六類：

(1) 自餓外道：長久忍受飢餓。
(2) 投淵外道：在寒冷時進入深淵忍受凍苦。
(3) 赴火外道：經常熱炙身體、薰鼻，甘心忍受熱惱。
(4) 自坐外道：不論天氣寒暑而經常自裸，並坐在空地上。
(5) 寂默外道：以屍林塚間為住處，寂默不語。
(6) 牛狗外道：認為人的前世是牛、狗，於是持牛狗戒，啃乾草、吃髒東西，只求生天。

修這種種怪異苦行的人，都認為如此即能生天得道。

左上圖 雲岡第 6 窟主室南壁 - 問詢仙人

下　圖 南玥美術館 - 苦行的佛陀

尼連禪河

尼連禪河是「不樂著河」。尼連禪河的沿岸多聖蹟。在《方廣大莊嚴經》卷七〈苦行品〉中描寫尼連禪河的景緻：「菩薩出伽耶山已，次第巡行至優樓頻螺池側東面，而視見尼連河，其水清冷湍洄皎潔，涯岸平正林木扶疏，種種花果鮮榮可愛，河邊村邑處處豐饒，棟宇相接，人民殷盛。」悉達多太子出家後，曾在尼連禪河邊的樹林靜坐思惟，修苦行六年。後來了知苦行無效而捨苦行，接受牧羊女難陀波羅的乳糜供養，不久之後，至菩提樹下成道。

尼連禪河附近的聖跡

・伽耶山 ・菩提樹
・苦行林 ・正覺山

伽耶山位於中印度摩揭陀國伽耶城附近。意譯為「象頭山」，這是因為其山頂似象頭而得名。伽耶山的南方有伽耶和那提二迦葉事火之故蹟。此山現在已成為印度教的聖地。

--《大唐西域記》〈摩揭陀國〉

駁。太子說完之後，決定繼續踏上求道的旅程。許多苦行者都真心的挽留悉達多，希望他留在苦行林中一起修行。悉達多溫婉地告訴他們：「你們的誠心和美意，我非常歡喜與感謝，但是為了求取真實的覺悟之道，斷除一切痛苦的根本，我必須繼續求道的旅程。天上的快樂畢竟不是究竟恆久的，當福報享盡之後，還是會下墮到人間或其他地方。」

這些苦行者圍繞著悉達多，聽到他那麼高深的理想，心中都非常歡喜。

這時，有一個睡在塵土中，鬈曲著頭髮、披著樹皮的苦行者，告訴悉達多：「年輕人，從你的智慧和堅定的志向看來，你一定能解脫生、老、病、死的痛苦，成為領導眾生入於真實解脫大道的導師。

這個苦行林不是你應該停留的地方，你趕快到頻陀山去，那兒有一位大聖者阿羅藍，或許你可以找到你想要的。如果他的說法也不能令你滿意，那麼你就可以離開，繼續自己求道的旅程。」

悉達多聽了非常感激歡喜。他在苦行林住了一晚，第二天一早，一一告別了那些苦行者，繼續求道的旅程。

他依著苦行者的建議，長途跋涉，來到頻陀山的森林中參訪阿羅藍仙人。阿羅藍仙人一看見悉達多不凡的相貌，就知道他必是能承受大法的法器。

「兩年前，我聽說淨飯王的太子捨國出家的消息，想必是你了。當時就敬佩你是一個有思想、有志願的青年，也知道你一定會來找我。今天能親自瞻仰你的殊勝相好，不禁打從心底湧起歡喜之情。」

阿羅藍仙人深知眼前的這位年輕人，能完全承受自己畢生修行的心要，甚至青出於藍，因此忍不住有些激動。

悉達多迫不及待的提出自己的疑惑，而阿羅藍仙人也告訴他，世間最高的禪定境界「非想非非想處定」就是解脫的境界。但是悉達多心中卻不這麼認為。他進一步提出自己的觀點，阿羅藍仙人也無法解答。因此悉達多又前去參訪著名的鬱陀仙人，也未能得到滿意的回答。這時，悉達多知道除了自己修持覺悟之外，似乎也別無他法了。於是他又告別鬱陀仙人，進入尼連禪河的東岸，登上鉢羅笈菩提山苦修。

在這期間，淨飯王曾派遣使者來勸悉達多太子回國，但是悉達多修行的心意非常堅決，愛子心切的淨飯王就挑選了憍陳如等五人隨從太子，陪他一起修行。

悉達多以苦行來鍛鍊自己的心志。為了徹底實現苦行，他逐漸減少食物，直到每日只吃一粒米或一粒胡麻，最後瘦得不成樣子，悉達多感覺在摸肚皮的時候，能夠透過肚皮摸到背脊骨，而摸後背時幾乎也能摸到肚皮。他感覺自己的後背和肚皮變得如此接近。而當他結束禪坐，摩擦四肢、活動筋骨的時候，汗毛紛紛落下。

苦行讓太子變得非常瘦弱，本來飽滿的金色身體也變成乾枯的黑色，原來俊美的模樣完全不見了。

甚至有一次，他因為修習無息禪觀，強力控制呼吸，產生了極大的痛苦，昏倒在經行的地方。

在接下來的幾年間，悉達多在樹林中實踐減食等苦行，他依循著過去智者所走的道路前進，但是最後他卻了悟苦行並非得道之因。

1

2

3

4

菩提伽耶

菩提伽耶（Buddhagaya）位於伽耶以南十三公里外，是佛陀悟道成佛之地，可說是佛教第一聖地。從伽耶出發，沿尼連禪河的西岸南下，在河的東方可看見前正覺山；據說牧羊女難陀波羅就是在此地以乳糜供養苦行的悉達多太子，同時此處也是釋尊渡河的地點。在菩提伽耶有許多佛教著名的聖跡，如：菩提樹、大精舍、正覺大塔（圖 1）等。

大精舍

根據佛傳經典的記載，菩提伽耶的大精舍是由阿育王所建。在西元前一世紀初葉建造的巴路特佛塔欄柵柱上，刻有大菩提寺的浮雕，從浮雕的圖案可以看出金剛寶座和菩提樹被列柱排列成的重閣所圍繞。按照玄奘的記述，大精舍在七世紀時很可能已經具有現在的外型。現今菩提伽耶內的大精舍「摩訶菩提寺」，是緬甸的佛教徒於 1870 年代末期整修完成的。該舍總高度約五十二公尺，東面內部安置著金碧輝煌的佛陀雕像，佛堂上供奉著各種鮮艷的花朵，香煙繚繞柱梁，僧侶們誦經的聲音也迴響在寺院裏。目前在菩提伽耶，有許多來自亞洲各地的佛教徒所建的寺院及來自世界各地的朝聖者。大精舍的北方，有個水泥製的平台，台上排列著十九個蓮花浮雕。據說釋尊悟道後沈思時，由腳下生長出蓮花，信徒就根據這個典故而建造蓮花浮雕。（圖 2 ）

塔林

十九世紀末，考古學家在大精舍遺蹟地區，挖掘出無數座奉獻塔和大精舍基台壁龕上的佛像，這些大部分是波羅王朝時代的作品。（圖 3 ）

欄楯

圍在大精舍四周的欄柵，如今大部分已經遷往大精舍西南方的博物館，原來的地方則代以仿製的柵欄。這些柵欄大部分是巽伽王朝時的建築，少數完成於笈多王朝。（圖 4）

因此，他走出了苦行林，繼續尋找真正能證悟、解脫圓滿的方法。

菩提樹下的佛陀

佛陀成道之地菩提伽耶，可以說是佛教的第一聖地。位於現在印度比哈省伽耶城南約十三公里的地方，在佛陀的時代，這裏屬中印度摩揭陀國。（介紹摩揭陀國、古地圖）每年有無數的僧侶、佛教徒來此朝禮。

在到達菩提伽耶之前，首先經過「前正覺山」。在唐朝玄奘法師的《大唐西域記》中，曾提到一個有趣的傳說。相傳原本悉達多太子來到前正覺山，打算在這裏禪坐求悟，沒想到他一坐下去，就山搖地動，山神慌張的跑出來告訴他：「菩薩啊！這裏並不是您成佛的福地。」於是悉達多又走到西南邊的一個石室，想在此安座思惟悟道。忽然間天上傳來聲音告訴他：「菩薩！這裏也不是您成佛的福地。您再繼續向前走，會看到一棵畢鉢羅樹，樹下有一個金剛座，過去有許多聖者在那裏成佛。祈願您早日成佛！」悉達多接受了天神的建議，起身離開石室。

石室中原本住著一隻龍，非常捨不得他離開，但是悉達多知道此處確實不是成道的福地，為了憫念龍的心意，他就留下在石室中靜坐的影子，讓龍時時可以憶念他。

悉達多了知苦行的無益之後，決定放棄苦行，調整修行的方法。他走出苦行林，來到尼連禪河，走入河中沐浴。長期的苦修讓他幾乎沒有體力站穩。如果不是攀著岸上的草，差點就被河水漂走了。他吃力的伸手攀住岸上垂下的樹枝，勉力站起來，走沒幾步，又攤倒在岸上。

這時，河邊剛好有一位牧羊女，看到這個情形，她知道這一定是一位精勤的修行者，就以羊乳供養悉達多。由於長期以來的營養不良，在喝了羊乳之後，體內的營養得到立即的補充，悉達多感到五體通暢，也逐漸恢復了氣力。

跟隨悉達多太子修行的憍陳如等五人，看見這種情形，非常不以為然，他們認為悉達多一定是退失道心，放棄了修行。

「畢竟是自小驕生慣養的太子，意志力薄弱啊！」他們決定不再理會悉達多了。

悉達多渡過尼連禪河，走到伽耶山的一座小山旁，上面有一棵茂盛的菩提樹，樹下有一個金剛寶座，上頭有許多求道者在此修禪定的痕跡。於是他就在此朝東坐下。在就座前，他發出金剛

聖菩提樹
菩提樹一佛陀在此樹下成道

菩提樹是指諸佛成道的樹木，又稱為覺樹、道樹。每一位佛陀的菩提樹都不同，而釋迦牟尼佛則是在畢鉢羅樹下成佛，所以一般所說的菩提樹就是指畢鉢羅樹。未來即將成道的彌勒菩薩會在龍華樹下成佛，因此彌勒菩薩的菩提樹即為龍華樹。

現在一般所說的菩提樹，別名為畢鉢羅樹（Pippala）或阿說他樹，盛產於中央印度及孟加拉等地，屬常綠喬木，枝葉繁茂，亭亭高聳，周圍達二十五呎，葉尖端長而尖，如同心形。此樹不僅受到佛教徒的尊崇，印度自古以來即視為神木，用來製造供具，或作為火供用的護摩木。

傳說佛陀成道地的菩提樹，原本四季常青，只有在佛陀涅槃日時會暫時凋萎，不久後才恢復原狀。每至佛陀涅槃紀念日，許多國王對這棵菩提樹都以香水、香乳灌溉澆灑，或以香花、音樂競相供養。阿育王的女兒僧伽密多，曾親到佛陀成道地，折下一枝菩提樹枝，移植到師子國，即現今的斯里蘭卡，為著名的世界古樹之一。

在《修行本起經》對菩提樹有如下的描述：「其地平正，四望清淨，生草柔軟，甘泉盈流，花香茂潔，中有一樹，高雅奇特，枝枝相次，葉葉相加，花色蓊鬱，如天莊飾，天幡在樹頂，是則為元吉，眾樹林中王。」

般的決心，堅定地發出誓言：「即使我的皮膚筋骨都乾枯，全身的血肉都銷盡了，如果我不能成就正覺，決不下此座。」接著他盤起雙腿，進入甚深的禪定。

當悉達多發出堅定的誓願時，魔宮產生了極大的震動。魔王因為悉達多太子即將永遠出離生死，不再被魔所束縛而煩惱著，更何況他還發願要帶領一切眾生脫出生死輪迴，不再被魔王所管轄。這對魔王的威脅實在太大了。

魔王有三個美麗動人的女兒，看見父親這麼煩惱，都上前安慰他：「父王！您放心，我們一定在他成佛前毀壞他堅固的誓願，用欲望的弓箭將他趕進愛欲的漩渦之中！」於是魔王和三個女兒帶領著眾多魔軍，拿著各種恐怖的武器，湧向菩提樹下，將悉達多密密的包圍起來。

悉達多並沒有受到干擾，他寂靜的心湛然不動，一心觀察法界的實相。

「太子啊！快離開你的寶座吧！否則你終將在我的箭下身亡。那麼你這英俊的色身、寶貴的生命，剎那間就化為水泡了。」等在一旁的魔軍，只待魔王一聲令下就要開始攻擊。

悉達多對魔王的威脅並沒有生起恐怖之心，他仍舊一動也不動。魔王憤怒的下令放出毒箭，虛空中的箭雨密密地落下，但是到了太子的金剛寶座前卻自然墮地，無法傷害太子。

魔王的女兒看到這個情形，就轉身以嬌媚的體態和聲音，走到悉達多面前，以撩人的姿態和各種愛情的甜言蜜語，企圖引誘悉達多，沒想到悉達多還是不為所動。

魔王開始害怕了。他自言自語的說：「從自至今，沒有人能逃出生死怖畏和愛情、美色的誘惑，為什麼悉達多卻不為所動呢？」

魔王發狂似的發動魔軍，放出種種怪物起火響雷、狂風暴雨，連天人都驚懼的啼哭，悉達多還是不為所動，而魔王放出的毒蛇猛獸，到了太子身邊都化作五色的花朵，輕輕地飄落在他身上，一點也不能傷害他。

在太陽西沉時，疲憊不已的魔軍終於投降撤退了。悉達多頂上的菩提樹，落下紅珊瑚似的嫩枝，灑在他的衣服上，表達禮敬之意。在初夜時，悉達多獲得了知過去的生命智慧，中夜時分得到天眼通，後夜時觀察緣起，他的智慧已能窮究起法的底蘊。

接著他又將十二因緣，依循著上下順逆的次序，加以思索觀

上圖　雲岡第 6 窟主室西壁 - 降魔成道

金剛寶座

大精舍的西側有一個金剛寶座，寶座的上方由一棵巨大的菩提樹覆蓋著。據聞，釋尊在此金剛寶座悟道。由金剛寶座上所刻的銘文可以推測出，寶座建於西元前二世紀。

吉祥草 -- 鋪在金剛座上的聖草

傳說佛陀在菩提樹下禪坐時，以吉祥草鋪成金剛寶座。吉祥草是生長於濕地或水田中的草本植物，高約六十公分，莖剛直平滑，叢生，葉子生於莖的下方，形狀細長，鞘口有毛。

在印度，自古視吉祥草為神聖的象徵，每逢舉行各種儀式，就以吉祥草編成草蓆，上面放置種種供物。吉祥草的非常清香潔淨，味道使人平和寂靜，蟲子等也不會靠近。

察。這時，有一萬個世界生起了十二遍震動的瑞相。

在清曉日出時，悉達多獲得一切智，成證圓滿的佛陀，無上圓滿的大覺悟者。

成道後的佛陀

悉達多太子成為佛陀之後，和成佛前有什麼不一樣呢？

成佛後他如何度化眾生呢？

成道之後，佛陀觀察這個世間，誰具足最先得度的因緣呢？他觀察之後，發現以前和他共同修行的憍陳如等五比丘，具足這個因緣。於是他來到五比丘修行的地方—鹿野苑。

「你們看，那不是悉達多太子嗎？」正準備坐禪的憍陳如，遠遠的看見佛陀走來，就對其他四人說。「不要理他，他捨棄尊貴的苦行，回到世間的欲樂。這種墮樂的人，我們不要理他。」「也許他是後悔了吧，否則為什麼來這兒呢？」「可能是一個人太寂寞，又來找我們作伴。反正大家都不要招呼他，也不必起立向他禮敬。」五個人約定好之後，就個自垂目攝心，用功禪坐。可是，當佛陀漸漸走近時，他們都不知不覺忘了剛才的約定，心想不看佛陀，卻又自然的睜眼看。

這一看實在讓他們太驚訝了！明明只分別一個月，太子的面容怎麼變得如此威嚴圓滿呢？他們不由自主的起身，迎請佛陀上座，五個人都在座下頂禮。「你們剛才不是約定好了不理我嗎？為什麼現在卻站起來禮敬我呢？」佛陀這一問，讓五個人心中又驚訝又慚愧。

「悉達多！我們不敢這樣想。您走了很遠的路，疲倦了吧？」他們殷勤地問候佛陀。「朋友們！請不要再叫我悉達多，那是我俗世的名字；我現在已經成為佛陀，是宇宙法界的光明，是眾生苦海中的舟航，是一切眾生的父母。」佛陀安詳地回答。

「您什麼時候成就佛陀的大行呢？您修學苦行都沒有成就佛果，怎麼可能捨棄苦行之後，反而能成為大覺的佛陀呢？」憍陳如不解地請問佛陀。「憍陳如！像你們這樣執著於一邊的修行方式，是永遠無法獲得正覺的。讓肉體受苦，反而使內心惱亂，讓肉體享樂，又容易耽溺執著。因此，偏於苦或樂的修行，都不能成就根本的大道。

我和你們共同修學六年苦行，你們也知道我雖然能行苦行，但最後證明苦行是無效的，只有捨棄苦樂，才能得到中道。」

五比丘

五比丘是佛陀成道後，最早受到佛陀教化者。當初悉達多太子踰城出家之後，淨飯王曾經派遣使者希望將他追回，但是他修道的決心非常堅固，愛子心切的淨飯王就派遣了憍陳如等五位大臣，伴隨太子出家學道。

後來他們看見太子放棄苦行，在尼連禪河沐浴，並接受牧羊女乳糜的供養，他們就認定太子已經退失修行的道心，就捨棄太子而前往鹿野苑修行。佛陀在成道之後，首先前往鹿野苑，為五比丘開示四諦、八正道、十二因緣等法，使這五人入於悟解得法眼清淨。

五比丘中，以憍陳如首，他屬於婆羅門階級，擅長占相之術，在悉達多太子誕生時，曾應詔前去為太子檢視瑞相，並預言太子必將成佛，救度眾生。後來太子出家修苦行時，憍陳如與另外四人受淨飯王的托咐，陪伴太子苦修。

佛陀成道之後，他看見佛陀的莊嚴威儀，又聽聞其說法，乃率先皈依佛陀。憍陳如為五比丘中之最先得悟者。由於佛陀曾讚嘆他已經開悟，因此後來僧團中人稱呼他時，都在他的姓氏「憍陳如」之前，加上具有「已知者」意義的讚美之詞「阿若」。佛陀對他曾有如下的稱歎：「我聲聞中第一比丘，寬仁博識，善能勸化，將養聖眾，不失威儀，所謂阿若拘鄰比丘是（阿若憍陳如比丘）。初受法味，思惟四諦，亦是阿若拘鄰比丘。

下圖 雲岡第 6 窟東壁 - 鹿野苑初轉法輪。

鹿野苑

鹿野苑是佛陀成道後第一次說法的聖地，位於瓦拉納西北方約六公里處。為什麼這個地方會稱為「鹿野苑」呢？有說是以往有一位梵達多國王，將這個林園送給群鹿，所以稱為「施鹿林」，也有說因為這裏經常有鹿群遊憩，所以稱為鹿林。

下圖 南玥美術館 - 成道的佛陀

十二因緣

十二因緣—生命輪迴流轉的十二個階段，十二因緣是佛陀觀察生命在時間上的相續，所提出的如實觀察，是佛法核心的教義之一。

十二因緣是指：1 無明：生命最根本的我執、對立開始產生之時。2 行：生命存續的意志力。3 識：行以無明為核心，相續運作產生的意識、記憶。4 名色：生命意識與受精卵的結合，精神與物質結合而有生命。5 六入：生命不斷發展，產生眼、耳、鼻、舌、身、意六入（六根）。6 觸：六入接觸色、聲、香、味、觸、法外境。7 受：由六根接觸外境後，產生種種感受。8 愛：「愛」又譯為「渴愛」，是指強烈的驅力，對自己喜愛的樂受，生起愛求的熱望，對厭惡、恐懼的苦受，就生起憎恨逃避的強烈欲求，進而驅動後續的行為執取。9 取：由愛之執著進而產生身、識、意等執取之行為。10 有：由執取的行為造成存有的現象。11 生：存有的現象推動生，即後續的存在。12 老死：有出生就會老死、死亡，輪迴不已。

十二因緣圖表

01 無明	01 我執、對立產生之時
02 行	02 生命存續的意志力
03 識	03 行以無明為核心，相續運作產生的意識、記憶
04 名色	04 生命意識與受精卵的結合，精神與物質結合而有生命
05 六入	05 生命不斷發展，產生眼、耳、鼻、舌、身、意
06 觸	06 六入接觸色、聲、香、味、觸、法外境
07 受	07 由觸覺產生感受
08 愛	08 由感受產生歡喜、不歡喜等執著
09 取	09 由愛之執著進而產生身、語、意等執取
10 有	10 由執取的行為造成存有的現象
11 生	11 存有的現象推動生
12 老死	12 有出生就會老化、死亡

鹿野苑遺跡－五比丘迎佛塔

五比丘迎佛塔位於鹿野苑遺跡公園西南方約一公里處，是當初五比丘迎接佛陀的地方。根據玄奘大師的描寫，此處原本是高約三百餘尺的覆鉢式佛塔，但後來因遺跡並未繼續進行挖掘的工作。此處的八角形塔樓是近代加蓋上去的蒙古氏塔樓。

圖 1 印度鹿野苑轉法輪塔。

圖 2 印度鹿野苑轉法輪塔。

圖 3 南玥美術館－轉法輪的佛陀。

圖 4 鹿野苑阿育王石柱照片。

初轉法輪

「如何走進正覺的道路呢？」五比丘請問佛陀。

「如果走進正覺之門，必須以八種正確的道路來進入；也就是正確的觀念、正確的思想、善淨的語言、正當的行為、正當的職業、正確的努力、正淨的心念、正確的禪定。依止這以這八正道來修，才能徹底解脫無明集聚的煩惱眾苦，獲得清淨寂滅的境界。」

憍陳如等五人是真心修行者，他們聽了佛陀的教誨之後，了知自己以往對苦行的執著，心立即安住於正道。

佛陀於是繼續說道：「憍陳如！為什麼要修學正道呢？是為了要讓生命遠離痛苦。我們看看這個世間，到處都充滿著痛苦，自然界的颱風、水災、地震，種種天災威脅著我們，生活裏更有許多不如意的事，即使是看起來快樂的事，也將因為心的執著而成為痛苦的原因，身心遭受著年老、疾病、死亡的侵襲，世間的常態幾乎都是如此，充滿著種種眾苦。而這些苦的現象，都是以『我執』為根而產生，因為眾生的無明、我執，而產生貪心、瞋恚、愚癡等三毒，這種就是苦聚集的原因。想要解脫這些苦，必須依循正確的道路，以修道來到達一切痛苦煩惱寂滅的境界。」

五個人從來沒有聽過這樣的至理，現在他們深深確信眼前的悉達多太子，已經是證悟實相的大覺者佛陀了！

佛陀又繼續說著：「憍陳如！你們現在再聽我說：此是苦，具有逼迫性，此是集，具有招感性，能招感種種苦果。此是滅，是可以得證的。此是道，是可修持的。因此，你們要謹記在心：對苦的現象應當了知，對苦生起的原因，應當斷除，對苦寂滅的境界，應當生起欣喜求證之心，對斷除苦的道路，應當修學。對我而言，苦我已了知，苦的原因我已斷除，諸苦寂滅的境界我已證證，斷除苦的諸道，我已修習。這是苦、集、滅、道，四聖諦的道理，如果不能究竟體解四聖諦，就無法解脫。你們了解我所說的法嗎？」

憍陳如等五人，恭敬而誠懇的回答：「我們現在已經知道您是成就正覺圓滿，萬德俱備的佛陀了。對您所宣說的真理，我們也如實地了知。」於是，五比丘至心皈依了佛陀，成為佛陀最初的出家弟子，也是佛教比丘僧團之始。

鹿野苑其他的遺跡

法王塔　法王塔位初轉法輪塔西方約五十公尺處，從塔心的部份曾挖出舍利遺骨，及笈多王朝時期所造的初轉法輪像，即現今鹿野苑最著名的古跡之一。根據玄奘大師的記載，這座法王塔為阿育王所建的佛陀舍利塔，高度有一百餘尺，現在只剩下一座圓型的高台遺跡。

阿育王石柱　在法王塔北方不遠的僧院遺址中，挖掘出阿育王石柱的巨大碎片。這些石柱已斷裂成數段，但安置在柱頭上的四隻石獅雕刻，還保持完整的被收藏在遺蹟鹿野苑博物館內，殘留的柱身則被欄杆圍起來保護著。

鹿野苑博物館　在鹿野苑遺跡的南邊，建有考古博物館，專門收藏此地出土的古物。原來在阿育王塔遺蹟的左方有一群佛立像，為末菟羅（Mathura）時期，早期禮拜像的代表作。鹿野苑最壯盛的時期，是在西元六至七世紀的笈多朝後期。這個時期的石雕作品優美華麗，佛像以著薄衣為其特徵，中國國畫中「曹衣出水」技法的靈感極可能出於此。其中最具代表性的就是轉法輪佛坐像，被喻為印度佛像中最優美且華麗之作。

成道後的教化

佛陀在鹿野苑度化了憍陳如等五比丘之後，想起了他在成佛之前，和一位好朋友的約定。這個人就是摩揭陀國的頻毗娑羅王，他和佛陀同年、同月、同日出生。當初佛陀捨棄王位，在山中修行時，頻毗娑羅王曾經來求見他，看見他具有王者圓滿的相貌，卻身穿破舊的袈裟在深山修行，深深為他感到可惜，於是慷慨的要將國土分一半給他統治，甚至為他擴張領土。

佛陀不但絲毫未動心，並告訴頻毗娑羅王，不該以世間的五欲快樂來勸說他。他又為頻毗娑羅王說明世間貪著享樂的苦果，以及爭戰、吞併、擴張的果報。

「大王！如果您真的是我的好朋友，應當祝福我所發的弘誓大願早日成就，速離一切苦惱。」

頻毗娑羅王看到他堅定的決心，非常感動，請佛陀悟道之後一定要回來度化他，希望能成為他的弟子。

王舍城 - 竹林精舍遺址

王舍城意思為「王者所居之城」，是古代中印度摩揭陀國首都。為佛陀一生重要弘化中心之一。位於今日比哈爾省。當時摩揭陀國的頻毗娑羅王，王城遭火燒毀，乃將首都移往城北平地，而有新、舊王舍城之分。

王舍城內有許多初期佛教的遺蹟，如：佛陀說法的靈鷲山，此地也是即提婆達多推落巨石企圖謀殺佛陀的地方。而佛陀滅度後，第一次經典結集的地點七葉窟也在此地。佛教的二大精舍竹林精舍及祇園精舍都在此地。

《大唐西域記》中記載，王舍城附近還有佛陀降伏醉象塔、阿育王石柱、佛陀舍利塔等佛教遺蹟。此外，著名的那爛陀寺也位於王舍城北十餘里處。

佛陀於是出發前往王舍城，履行他的承諾。

在前往王舍城的途中，佛陀思惟著如何將佛法以最有的效率的方式來傳播，讓更多人能悟入解脫。尤其和當時其他宗教的長老、首袖比起來，佛陀的年紀算是很輕，如何讓大家對他所說的法歡喜信受，的確需要更大的智慧方便。

佛陀決定先去度化摩揭陀國著名的宗教領袖一祀火三迦葉。三迦葉是三位兄弟，奉事火神。他們養著一隻火龍，非常兇猛。佛陀為了要度化他們，在某一天夜裏前去拜訪，並寄宿在火龍居住的房間。火龍一見佛陀，立刻吐出毒煙火焰，整個房間頓時陷入一片火海。佛陀一點也不慌張，立即入於火光三昧，發出比毒龍更加猛烈的大火，於是整個房間火光衝天，迦葉和弟子們取水要救火，都因為火勢猛烈而無法靠近。

大家都歎息著這位相貌圓滿的年輕比丘就這樣被燒死了，沒想到天亮之後，佛陀卻從火龍室中微笑地走出來，手中拿著 ，三迦葉所事奉的火龍化成了一條小龍，乖乖地待在佛陀的鉢裏面。

於是三迦葉兄弟及他們門下的一千個弟子，都一起皈依了佛陀。佛陀帶著弟子大眾們來到王舍城靈鷲山。頻毗娑羅王聽說佛陀要來了，非常歡喜，就帶領王臣及居士、長者、人民，浩浩蕩蕩的來迎接佛陀。

這時，佛陀在樹下結跏趺坐，比丘弟子們圍繞在一旁。大王遠遠看見佛陀，在樹林中宛如眾星中的明月一般，光明晃耀，也像金山一般莊嚴，寂靜安定。

大王立即下車，走向前去，以最尊貴的禮儀，頂禮佛足，三次自稱姓名說：「世尊！我就是摩揭陀國的頻毗娑羅王啊！」

佛陀也微笑地回答：「如是！如是！你就是摩揭陀國的頻毗娑羅王。」

這時，大家看到祀火迦葉優樓頻螺迦葉也坐在佛陀旁邊，由於迦葉尊者是摩陀國人最崇仰的大尊師，年紀也比佛陀長許多，於是大家都在猜想，到底是佛陀跟隨迦葉學習呢，還是迦葉跟隨佛陀學習呢？

佛陀知道大家心中的疑惑，就告訴迦葉：「迦葉！你現在為大家示現如意足神通，使大家生起信樂。」

於是迦葉立即現起神通，從坐處消失，從東方現起，飛騰空中自在，又在虛空中自在的行、住、坐、臥，又示現火三昧，身上流出青色、黃色、紅色等火焰，讓大家看得目瞪口呆。接著，優樓頻螺迦葉就向佛陀頂禮，並說：「佛陀是我的教授師，我是佛陀的聲聞弟子。佛陀具有一切的智慧，而我沒有一切智。」

佛陀說：「如是，迦葉！如是，迦葉！我有一切智，而你沒有一切智。」大家這才知道，原來迦葉是佛陀的弟子，大家更生起了

舍衛國

舍衛國是佛陀弘化長達二十五年之地，此地的祇園精舍更是佛教的兩大精舍之一。佛陀在世時，舍衛國非常繁榮，但是現在都已變成荒蕪的遺址。只有祇園精舍的遺址設為一園區管理供人參觀朝禮。城內還有許多重要遺址，如：須達長者故宅、指鬘外道悔改證果之處等遺址；城外則有祇園精舍、佛陀為病比丘看病處、舍利弗目連比賽神通處、外道殺淫女嫁禍佛處、提婆達多害佛後陷入地獄大坑處，種種聖蹟現今僅餘遺址。

頻毗娑羅王

頻毗娑羅王，是古代中印度摩揭陀國的偉大仁慈的國王，相傳他與佛陀同年同月同日生，兩人有著很深的因緣。
佛陀成道後，其成為佛教初期的大力護持者。
後來他的太子阿闍世，與提婆達多共謀，篡奪王位，囚禁頻毗娑羅王，予以種種折磨。頻毗娑羅王在獄仍然朝著靈鷲山，向佛陀祈請，於是佛陀就派遣目犍連，從靈鷲山上飛入監獄為其說法，頻毗娑羅王因此而證入解脫。雖然後來在阿闍世王的刑求而死，他卻是安然自在的走，一如其他解脫的聖者。

右圖 祇樹給孤獨園的阿難菩提樹。

殊勝的信心。

佛陀為大眾宣說四聖諦法。在佛陀宣說此法時，頻毗娑羅王證得了清淨的法眼，得證聲聞初果聖者的境界，至心皈依佛陀，成為佛陀的在家弟子。

頻毗娑羅王為了讓佛陀安心弘法，就在王舍城北方的迦蘭陀竹林內，建立了竹林精舍，供養佛陀。後來許多佛陀出家弟子，就陸續來到竹林精舍共同居住，逐漸形成大規模的僧團組織。

佛陀的大弟子舍利弗、目犍連與大迦葉尊者，都是在佛陀安住於竹林精舍時皈依佛陀的。當時目犍連就住在王舍城附近，臨近那爛陀的地方。此地的菴末羅園是佛陀常來的處所，後來此地建立了極為有名的那爛陀寺。舍利弗聽聞佛陀的弟子阿說示比丘說法後，證入聲聞的初果境界，他也趕緊將這個好消息告訴好朋友目犍連。而目犍連在舍利弗為他宣說法偈時，也在剎那間離塵垢煩惱，入於聖者之流。他們二人領著門下弟子二百五十人，前往竹林精舍皈依佛陀。

大迦葉尊者不但家世顯赫，而且聰明博學，是婆羅門中傑出的青年。在多次聽聞佛陀說法之後，他認定這個世間只有佛陀才能做為他的老師。於是他也皈依佛陀，成為佛陀的出家弟子。這些弟子的皈依，在當時造成極大的震撼，也使得佛陀的弘法事業更加隆盛，許多慕名而來的國王、學者紛紛而至。此時佛陀的出家弟子約有一千二百多人。

摩揭陀國的竹林精舍與舍衛國的祇園精舍，並稱為佛教最早的

舍利弗

舍利弗是佛陀十大弟子之一，被譽為「智慧第一」。當時他與目犍連兩個人同為佛陀的兩位首座大弟子，輔助佛陀教化。舍利弗就是我們在《心經》中常讀到的「舍利子」，意思就是「舍利的孩子」。他的母親是摩揭陀國著名論師的女兒，因為她眼睛長得像舍利鳥，所以名為「舍利」。
舍利弗最初因為見到馬勝比丘威儀端正，並為其宣說因緣法的偈頌，舍利弗頓時證得法眼淨，趕緊告訴好友目犍連，於是兩人各自帶領弟子二百五十人，皈依佛陀。
在佛陀弟子之中，舍利弗與目犍連被稱為佛陀門下的「雙賢」，是佛陀弘法的左右手。佛陀曾說：「舍利子生諸梵行；目連比丘，長養諸梵行。此二人當於我弟子中最為上首，智慧無量，神足第一。」
除了智慧、弘法為後人所稱道外，舍利弗與目犍連的友情，及其對佛陀的情誼，也是至情至性的。當目犍連為執杖梵志所傷，即將涅槃時，舍利弗又知道佛陀即將辭世，他不忍見到佛陀與目犍連先他入滅，因此就請求佛陀允許，然後回到故鄉那爛陀入滅。

目犍連

目犍連為佛陀十大弟子之一，被譽為「神通第一」。目犍連與舍利弗從小就是好朋友，更相約在修道歷程中互相提攜。後來兩人得到佛陀弟子馬勝比丘的度化，而帶領弟子一起皈依了佛陀。目犍連與舍利弗，可以說是佛陀一生弘法的最重要助手，被稱為佛弟子中的「雙賢」。佛陀晚年，教團就在他們兩人的輔弼下，不斷推展。
佛陀曾說：「此二人當於我弟子中最為上首，智慧無量，神足第一。」
著名的孝道故事「目連救母」，所說的就是目犍連尊者到餓鬼道拯救母親的故事。目犍連悟道後，以天眼觀察母親，得知其死後墮入餓鬼道，盡神通力也無法救之。佛陀教之於七月十五日，以百味飲食置盂蘭盆中，供養出家僧眾，以供僧的廣大功德，使其母得以解脫。這是盂蘭盆會的由來，也是「目連救母」故事的根源。
目犍連晚年被執杖外道所暗殺，但是他的心中非常坦然，深知這是自己的惡業成熟，也為神通無法免於業報作了最真實的教化。

兩大精舍，佛陀一生中弘化的時期，在這兩處佔了極大的部份。

佛陀在竹林精舍弘法的期間，淨飯王聽說佛陀成道的消息，請人來迎請佛陀返鄉，於是佛陀就回到故鄉迦毗羅衛城為親族說法。當時在王室的貴族中，難陀、阿難陀、提婆達多等釋迦族的王子，及佛陀的兒子羅睺羅，大臣阿那律，及王室的理髮師優婆離等人，同時出家成為佛陀的弟子。其中優婆離是種姓階級中屬於賤族的階級，佛陀竟然允許他和王子、大臣們一起出家修行，在階級制度嚴明的印度，佛陀這種平等的精神，可以說是一場前所未有的大革命！後來，佛陀又前往王舍城弘化。

當時舍衛國有一位須達多長者，是舍衛城裏的鉅富，由於他平時樂善好施，救濟貧窮孤獨，因此城裏的人都尊稱他為「給孤獨長者」。他在一次偶然的機會裏，聽聞佛陀的教法，深深生起恭敬之心，皈依佛陀之後，他發願建立精舍，迎請佛陀常住說法。

給孤獨長者四處尋訪，見到祇陀太子的園林十分適合建設精舍，因此前去拜訪祇陀太子，希望能購買此園作為精舍。祇陀太子就半開玩笑地說：「如果你能將黃金鋪滿林地，我就賣給你。」沒想到給孤獨長者真的拿出家中所有的黃金，鋪設在林地上，只剩樹木生長的地方無法鋪到。祇陀太子被他的精誠所感動，就告訴長者：「佛陀實在是良好的福田，這些園樹所生長的地方，您的黃金鋪不滿，就留給我來供養吧！」因此這個園林就稱為「祇樹給孤獨園」，長者就在此地建立精舍供養佛陀，也就是著名的「祇園精舍」。我們在經典中常讀到：「如是我聞，一時，佛在

上圖　南玥美術館－宣說金剛經的佛陀。

祇樹給孤獨園

祇樹給孤獨園是許多著名的經典的宣說之地，如《阿彌陀經》、《文殊般若經》、《金剛經》等，都是在此地宣說的。園中有一棵至今枝葉廣大茂密的菩提樹，即是著名的「阿難菩提樹」。這是佛陀到天上為佛母摩耶夫人說法時，人間的弟子非常思念佛陀，於是阿難就建議將佛陀成道地的菩提樹移枝到祇園，大家看到菩提樹就好像看到佛陀一般。

但是由於兩地的距離遙遠，於是大家就推派神通第一的目犍連尊者，以神通的力量往返兩地，取回佛陀成道的菩提樹枝葉，種在祇園精舍。這就是阿難菩提樹的由來。

上圖 竹林精舍遺址

舍衛國祇樹給孤獨園…」，指的就是祇園精舍。

後來，佛陀又應毗舍離國王之請，前去弘化。不久，又為了調停迦毘羅衛城和拘利城之間水利的紛爭而回到故鄉迦毘羅衛城，而淨飯王在此時也崩逝，佛陀也參加了父親的葬禮。後來姨母波闍波提及王妃耶輸陀羅等人，也都出家成為佛弟子，從此佛教就開始有了出家女性的比丘尼教團。

從此後佛陀遊化各地，弘法教化，度化無數眾生，一生弘法生涯長達四十年。

佛陀的老年

公元前四八六年，佛陀已經是八十歲的高齡了。

寂靜的拘尸那羅，籠罩在白茫茫的晨霧中，娑羅樹林中隱隱約約的身影，緩緩地前進著。偉大的佛陀，即將在此地入於涅槃。

佛陀年老時，歷經了人生中幾個重大的打擊，先是堂弟提婆達多企圖取而代替佛陀的地位，不惜謀殺佛陀；再來是佛陀的母國釋迦族被滅族的慘劇；而後則是兩位大弟子舍利弗與目犍連的相繼入滅，佛陀在人間弘化的身影更形孤單了。

佛陀在舍衛國祇樹給孤獨園安住了三年之後，又來到毘舍離城。

有一天，佛陀告訴隨侍弟子阿難：「如來是得證四種如意神通的人，能夠在世間住世一劫那麼久的時間，現在如來壽命多少呢？」但是當佛陀問了三次之後，阿難卻都沒有回答；因為天魔蒙蔽了阿難的心，所以阿難不但沒有回答，而且還從座位上起身，自己到森林中禪坐。而天魔就趁這個空檔現身，勸請佛陀入滅。

「佛陀啊！您在世間教化眾生已經很久了，承蒙佛陀教化的眾生，宛如塵沙那麼多。現在應當是您享受寂滅涅槃之樂的時候了！」天魔殷勤地勸請著。

這時佛陀就取了少許土放在手上，問天魔說：「你看是大地的土多呢？還是我手上的土多？」

「當然是大地的土比較多。」天魔不假思索的回答。

「是啊！我所度化的眾生，不過如手中的土，未度的眾生卻如同大地土。雖然如此，我住世的因緣已盡，再三個月之後，我將入於涅槃。」

天魔聽了非常歡喜，確定目的達到了，就高高興興的回去了。

這時，阿難在森林中，忽然作了一個奇怪的惡夢，他夢見森林中本來有一棵大樹，枝蔭十分濃密，忽然間卻刮起驚急的大風，將大樹摧散無餘。

阿難醒來之後非常恐懼，急急忙忙回來向佛陀請問：「佛陀啊！這是您要入於涅槃的象徵嗎？」

「阿難啊！我本來已經告訴你了，但你當時被天魔所蒙蔽，所以沒有祈請我留在世間。魔王已經勸請我早入涅槃，我也答應了，因此你會有這個怪夢啊！」佛陀平靜地回答阿難。

阿難聽了之後宛若晴天霹靂，他一邊拭著眼淚，一邊走進精舍，站在門檻，哭泣地慨嘆著：「我現在的修行還未圓滿，而我慈悲的導師卻已要入於寂滅了！」

佛陀選擇在拘尸那羅入於涅槃，那裏距離毘舍離約有二百八十公里這麼遠，但是年邁的佛陀還是決定以步行的方式，沿路托鉢，隨機弘化，完成今生最後的旅程。

當佛陀要離開毘舍離時，回首最後一次迴觀這個繁華盛開的城市。此時，佛陀忽然微笑了。

「佛陀為什麼微笑呢？」阿難問著。

「阿難啊！因為這將是我最後一次迴觀毘舍離城了，所以才微笑啊！」佛陀在說這話的同時，原本晴朗無雲的天空，忽然下起雨

拘尸那羅

梵名 Kucinagara，中印度之都城，為佛陀入滅之地。此城位於佛世時十六大國中之末羅國（梵 Malla），為末羅種族之領土。
拘尸那羅附近的遺跡有鐵匠准陀的故宅，據說佛陀後來因為吃了他所供養的毒蘑菇，發生了嚴重的血痢，身體更加虛弱。
其他遺跡還有佛陀往昔修菩薩行時的救火處、救鹿處、賢善得道處，以及金剛力士聞佛入滅，傷心得手中杵墮落人間之處，諸天人停佛陀金棺七日供養處、佛母哭佛處、佛陀荼毘處，八王分佛舍利處等遺址。
拘尸那羅的涅槃寺中，供奉著一尊橫臥著的涅槃佛，長約六公尺，頭部朝北，身披袈裟，臉塗金泥，為五世紀笈多王朝的作品。涅槃寺於公元 1876 年、1956 年皆重新整修過，每年來朝禮者不斷。涅槃堂的前栽種娑羅樹，樹幹筆直，樹皮泛白，樹葉比柿子樹葉稍大。

娑羅樹—佛陀於此樹下入滅

根據經典記載，佛陀到達拘尸那羅後，躺臥於娑羅雙樹之間，為弟子們作最後的開示之後，寂然入滅。在《大般涅槃經》中記載，當時佛陀躺在娑羅樹林下的臥鋪上，保持著右 而臥的吉祥睡姿，於中夜時入於四禪的深定，呼吸止息，寂然無聲，於此時入於涅槃。佛陀入滅後，娑羅樹忽然間變為慘白，枝葉花果、樹皮枝幹都爆裂墮落，樹身漸漸枯悴摧折，彷彿在哀悼著佛陀的入滅。

來，大家都感覺十分奇怪。

「虛空中的天人們，聽到我說這是最後一次回首毘舍離城，心裏都感到很悲傷而哭泣，這是天人的眼淚啊！」

在佛陀一行人往拘尸那羅的途中，毘舍離的梨車族人聽到佛陀即將入滅的消息，無不群起號啕大哭，跟隨相送。佛陀看他們太傷心了，不是言語可以勸慰的，於是就以神通力化作一條大河，河岸高峻深絕，水流洶湧，梨車族人只有悲慟的被阻隔於河畔，佛陀則留下佛鉢讓他們追念。

佛陀一行人繼續向前走，度過尼連禪河，到達拘尸那羅的娑羅樹林。由於佛陀已經八十歲了，加上在末羅國，於施主家應供時，吃了有毒的野生蘑菇，引起了嚴重的腹痛及血痢。但是等下痢的情況稍稍止息，佛陀還是繼續走向拘尸那羅。拖著年老病重的身子，沿途上走走停停，備極艱辛，最後終於抵達了拘尸那羅。

「阿難！我累了，想要躺下來。你在兩棵娑羅樹之間為我鋪一張臥榻，頭朝北方。」佛陀神色疲憊地告訴阿難。

「是的，世尊。」阿難鋪好了臥榻，佛陀就在榻上躺了下來，頭朝北方，如同獅子一般右脅而臥。

上圖　拘尸那羅涅槃寺內臥佛
下圖　拘尸那羅涅槃寺

這時雖然不是開花的季節，但是兩株娑羅樹的枝頭已繁花盛開，落英繽紛，花瓣紛紛落在如來身上。比丘弟子們以阿難尊者為首，哀戚地圍繞在佛陀身邊，聆聽著佛陀最後的教誨。

「阿難，僧團還期望我作什麼呢？我已經宣講了一切真理，如來的手中無緊握的秘密。如果有人認為『是我領導僧團』，或者『僧團要依賴我』，那就應該由他來教導。

但是如來不這麼想，不認為如來要領導僧團，或者是僧團要依賴如來。如此，為何如來要遺留訓誡呢？

我已是年邁的老人，我的行程已經終了。因此，阿難，你們要作自己的明燈，皈依自己，不要尋求別的皈依，以真理為你們的明燈和皈依處，不要在別處尋求皈依。」

佛陀停了一會，又接著說：「阿難，現在或在我死後，能自作燈明，皈依自己不求其他皈依；以真理為明燈和皈依處者，都是我的首要弟子，也是真正的學佛者。」

時間漸漸流逝，距離佛陀入滅的時間也越來越近。

阿難代表大眾請問佛陀：「世尊！您滅度以後，大眾當以誰為導師呢？」

佛陀回答：「阿難，你們也許有人會認為，世尊的教導已經終了，你們也沒有導師了。但是千萬不要這麼想，我為你們大家宣說的教法和制定的戒律，在我去世以後，就是你們的導師。」

雖然如此，世尊還是告訴大眾：「我去世之後，如果僧團願意的話，可以廢除一切不重要的小戒條。」

最後，佛陀就在娑羅雙樹間，寂靜地入於涅槃。

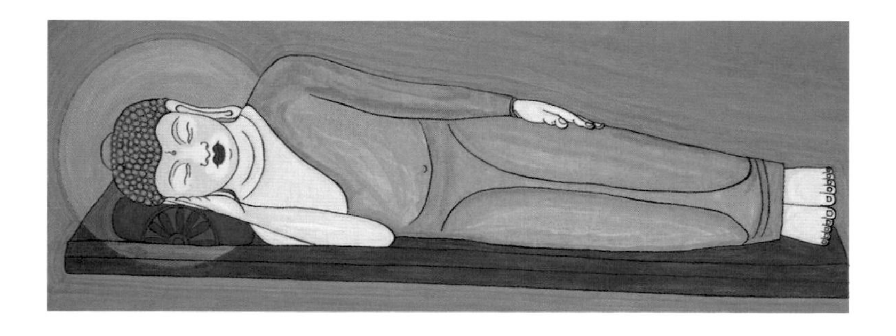

摩訶波闍波提夫人一佛陀的姨母，佛教比丘尼僧團之始

摩訶波闍波提夫人為佛陀姨母，即「大愛道」夫人，為摩耶夫人的妹妹，同為淨飯王之王妃。在摩耶夫人逝世後，將悉達多太子養育成人。後來，夫人又生下難陀。佛陀成道後第二年，回到故鄉說法，淨飯王及摩訶波闍波提夫人帶領族人迎接佛陀，聽聞佛說法，並織造金縷袈裟供養佛陀。

佛成道後第五年，淨飯王崩逝，夫人非常悲傷，加上她的孩子難陀及釋迦族中許多王子和大臣都追隨佛陀出家，因此她也希望能出家成為佛弟子。但是當時還沒有女性出家僧團。於是大愛道夫人就和耶輸陀羅王妃，帶著五百位釋迦族的女性，一起到毗舍離的大林精舍，請求佛准許她們出家。原本佛陀考慮到當時印度社會的因緣而未允許。當時夫人弊衣跣足，傷心的站在門外哭泣。阿難看了非常不忍心，再三請求佛陀允許，從此佛教才開始有比丘尼僧團。

大愛道夫人出家後，統理諸比丘尼，居住於精舍附近之尼院，輔助佛教女性修行團體的教化。在佛陀入滅前的三個月，夫人示寂於毗舍離城。

阿難

阿難為佛陀的十大弟子之一。他天生容姿端正，面如清淨滿月，眼如青蓮華，全身光淨如明鏡。加上阿難感情豐富，又有同情心，特別受到女性的喜愛。

阿難擔任佛陀的侍者長達二十餘年，隨侍於佛陀之側，並負責為信眾說法傳持，而以「多聞第一」著稱。佛教中最初比丘尼僧團的成立，也是阿難極力促成。

由於阿難隨侍佛陀極長的時間，聽聞教法極多，因此佛陀滅度後，由大迦葉所召集的第一次經典結集中，即是由阿難誦出經藏部份，由大眾審定。現在我們得以受用經典，阿難尊者可以說是極為關鍵性的人物。

阿難即將入滅時，離開摩揭陀國而走向吠舍釐城，正要度過恆河時，沒想到摩揭陀國國王嚴駕追來了，彼岸吠舍釐王也來迎接他，兩國都想爭取聖者在自己的國土中入滅，大有不惜一戰的情勢。

阿難尊者於是從船上飛昇空中，以禪定力從身中出火，自動火化，所有的舍利也自動分成兩份，分墮於兩岸。兩軍為此大慟哭，帶著阿難尊者的舍利，各自回到本國，造塔供養。

左圖 南玥美術館 - 涅槃的佛陀

上圖　七葉窟遺址

七葉窟

七葉窟是第一次結集經典的聖地，位於中印度摩揭陀國王舍城附近。因為石窟前有七葉樹，因此被稱為「七葉窟」。佛陀也曾在七葉窟說法，佛陀入滅後，大迦葉尊者以阿難尊者、優婆離尊者為上首，召集五百位大羅漢聖者，在阿闍世王的護持下，於此地結集經律論三藏。

佛法的結集與流佈

佛陀入滅之時，大迦葉尊者正與五百弟子在靈鷲山上，入三昧禪定。突然間，大迦葉尊者感到一陣心驚，舉身戰慄。

「怎麼回事呢？」大迦葉尊者從三昧中出定，看到山河大地皆大震動，知道如來已經入於涅槃。於是尊者帶領弟子趕緊出發，希望能在七天內趕到拘尸那羅，在火化前瞻仰佛陀最後的遺容。

為了尊敬如來的緣故，他們並未運用神通飛到佛陀火化的地方，而是以步行的方式，急急趕路。

有一天，當他們在途中稍事休息，準備上路時，遇到另一群比丘正在吃飯，他們高興的彼此說著：「太好了！那個囉唆的老頭子終於死了！他生前制定我們要守那麼多嚴格的戒條，現在可好，他入滅了，總算可以解禁了！」大迦葉的心涼了半截，沒想到佛陀才入滅，就有這種聲音出現了。這也讓大迦葉尊者體會到將佛陀教法結集留存的重要性，讓後世的學人有所依止。

在大迦葉尊者一行人急急趕來的同時，大眾正進行佛陀遺體火化的儀式。但令人納悶的是，佛陀的寶棺一直無法點燃，難道佛陀有什麼未了的心願嗎？

「這是由於大迦葉尊者正急著趕來見佛陀最後一面，佛陀憫念弟子的緣故，才讓寶棺無法點燃啊！」帝釋天王向大家解釋著。

正在說著時，大迦葉尊者一行人悲切的趕到了，看到佛陀金棺，頂禮膜拜，號哭哽咽，悶絕倒地，過了許久才慢慢甦醒。大迦葉尊者淚流滿面，悲不自勝，祈願能開啟如來金棺，見如來最後一面。但是大眾擔心佛陀遺體損壞而不肯開啟。

這時，佛陀的金棺忽然自動開啟，為大迦葉尊者示現佛身。大迦葉與弟子大眾看到佛陀慈悲示現，更加悲不可抑，涕不成聲。

佛陀入滅之後，大部份的弟子都還沉浸在迷悶的悲傷之中，而宛如佛陀長子的大迦葉尊者，卻開始想著更長遠的事—他思惟著如何讓如來的法身長久住世。他想起了那些為佛陀入滅而拍手叫好的比丘們，心中不禁擔憂著：「如來滅度了，今後大眾當以誰為依止呢？如果不趕緊將佛陀的教法結集，恐怕後人將無所依止了！」大迦葉於是立即開始著手進行法要結集的事宜。

大迦葉尊者計劃召集天上及人間，五百位解脫悟道的阿羅漢聖者共同來參與佛經結集的工作。於是他派遣一位使者到忉利天，向居住於天上的阿羅漢報告如來滅度的消息，並請他們到人間的靈鷲山來，共同結集佛教的教法。

沒想到這些聖者們一聽到佛陀入滅的消息，都神色慘然的喟歎著：「世間的眼目已滅，我們也可以走了！」於是就一一入滅。使者一路通報下來，許多阿羅漢聖者竟然都因此而入滅了！

大迦葉尊者知道了這個情形，趕緊停止通報，以免這些大阿羅漢都入滅了，世間空無福田。接著，大迦葉尊者就以神通力飛到空中，宣告著：「世尊的聖弟子們，當報佛恩，莫入涅槃！」如此，才使得許多大阿羅漢聖者留在人間，進行佛經的結集。

佛經結集的過程，大致上可以分成誦出、審定、編成次第等三個階段。

1. 誦出：由聖弟子就其記憶所及，而誦出佛陀所教授的內容。

2. 審定：再將誦出的文句，經與會的聖弟子共同審定。

3. 編成次第：最後再將誦出的佛經與戒律，分為部類，編成次第。由於當時還沒有文字記錄，皆是以口授為主，與會的聖者甚至將結集的法要編成「偈頌」的方式，方便學人記憶持誦。

第一次佛經結集，由大迦葉尊者發起，在阿闍世王的護持下舉行。當時五百阿羅漢會集於王舍城外的七葉窟，由多聞第一的阿難尊者誦出經藏，持戒第一的優婆離尊者誦出律藏。

經過後代歷次的佛經結集，佛教的典籍更加完備，加上文字經典的結集，成為佛法廣為流佈的重要因緣，使得後人得以依循佛陀的教導，繼往開來，邁向圓滿覺悟的幸福大道！

大迦葉

大迦葉為佛陀的十大弟子之一，在佛弟子中被譽為「頭陀第一」。大迦葉原來是婆羅門鉅富之子，從小就樂於梵行，不喜歡五欲享受。長大後，由於不忍違逆父母的心意，而娶毗耶離城婆羅門之女妙賢為妻，但夫婦二人相約共持梵行，不同室而眠。如此過了十二年，大迦葉的父母都去世了，他就捨棄一切財寶，出家修行。後來遇見佛陀，蒙受教化，八天後就證得聖者阿羅漢的果位。

大迦葉在俗家時，以鉅富聞名，但是在出家之後，卻少欲知足，常行頭陀行。不但是僧團中的長者，也深被佛陀所器重，佛陀曾經分半座給大迦葉。

佛陀涅槃之後，大迦葉為了讓佛陀的教法集結不散失，讓後人有所依止，而召集了五百位阿羅漢聖者，在王舍城舉行第一次佛法之結集。相傳現在大迦葉尊者還在印度的雞足山入定，等待下一位佛陀彌勒佛的降生。

須跋陀羅—
佛陀入滅前最後度化的弟子

須跋陀羅是佛陀入滅前，最後受教誡而證悟得道的弟子。他原來是一個婆羅門教的修行者，佛陀入滅那年，他已經一百二十歲了。當佛陀抵達拘尸那羅時，須跋陀羅正好在那兒修行。他久仰佛陀的智慧，聽見了佛陀要入滅的消息，心想：「我修行這麼久了，心中仍然有疑惑，現在應該趁著佛陀入滅之前，請他為我解惑。」打定主意之後，他趕緊來到娑羅樹林求見佛陀，向阿難尊者說明來意，請尊者代為通報。

但是阿難不忍心佛陀太勞累，本來想婉拒須跋陀羅的請求，但是他再三的懇求，不願放棄。佛陀聽見兩個人的對話，就教阿難讓他進來。須跋陀羅非常感謝佛陀，禮敬了佛陀之後，就提出自己的疑問，而佛陀也忍受著身體的病痛與疲憊，詳細地為須跋陀羅開解疑惑。

須跋陀羅聽了佛陀的教授之後，心開意解，立刻請求佛陀允許他出家。佛陀答應了，於是他在當夜就出家成為比丘，精進修行，在入夜不久就成證了阿羅漢聖者的修行果位。但是他不忍心見到佛陀滅度，在向佛陀告別後，他就自己入於火三昧，自行入滅火化，比佛陀早入滅。

左圖　雲岡第 11 窟東壁上層 - 太和七年（公元 483 年）造像。

右圖　公元 2013 年月下雲岡記刻石，記載著 2013 年月下雲岡三千年的盛會，及所有參加者的姓名。

雲岡晴朗的天空，不知道什麼時候開始飄起了細細的雨絲，彷彿是佛陀在昆舍離宣佈入滅時，微笑著，最後一次回首昆舍離華氏城。天神們悲傷地哭泣著，讓天空下起雨來。

佛寶寶們走到另一個石窟，看到一塊石碑。

「寫著什麼呢？」小朋友們好奇地問。

「太和七年，歲在癸亥…」號稱地球通的智多星佛寶寶伍吉開始讀起刻在石碑上的文字。因為智多星球有駐地球代表處，設在五臺山，所以伍吉經常往來地球。原來這塊石碑是「太和七年銘」，這是雲岡石窟發現時間最早的北魏銘記（公元 483 年），記載著一群人發願共同刻造佛像的故事。

「那這一塊呢？」極樂星的小樂指著另一塊石碑問著。

「月下雲岡記，金蛇動靈，賢者宴心…」伍吉讀著，忽然驚訝地疑了一聲。

「為什麼有我們祖先的姓氏在上面呢？」

「我們家的也有　！」極樂星的小樂也發現了他們家的祖先姓氏。

於是，大家都開始尋找自已家族是否刻在石碑上。

奇妙的是，當誰的手摸在石碑上，他們家族的姓氏就浮現了。

這是怎麼回事呢？西元 2013 年月下雲岡記這塊刻石，為什麼會和 3453 年的他們有著關聯呢？

第二幕

公元四五三年 • 細說雲岡

公元 453 年，雲岡石窟開鑿之年。

現出神山玄妙境　劈開法界女媧石
開佛窟入禪悟明　清淨體圓澄
喜迎佛會　西天來　東土成
一華一世界　一葉一如來

輕扶晚霞托落日　一心平播夕陽鼓　輕勾吉祥合淨曲
拈起彩虹細明絲　織作霓裳羽衣
袖雲捲　眾清芳　賢者心宴　千年相約當會時
莫忘人間願淨土　娑婆和平自在人

「和平初，師賢卒。曇曜代之，更名沙門統。初，曇曜以複佛法之明年，自中山被命赴京，值帝出，見於路，禦馬前銜曜衣，時以為馬識善人。帝後奉以師禮。曇曜白帝，于京城西武州塞，鑿山石壁，開窟五所，鐫建佛像各一。高者七十尺，次六十尺，雕飾奇偉，冠於一世。」

--《魏書釋老志》

大同與雲岡

大同地處晉、冀、蒙交界，介於內外長城之間，自古屬於邊塞用武之地。大同，意取“世界大同”之義，因唐代大同軍駐紮而得名。

大同，古稱平城。最初的雁門郡平城縣之設，大致在戰國中期（西元前 3 世紀初年），即趙武靈王胡服騎射、征伐兩北的過程中。漢高祖七年（西元前 200 年），劉邦率大軍北擊匈奴，被困於平城縣東之白登山（今名馬鋪山），平城由此聞名天下。

東漢以降，匈奴式微，來自遙遠北方的鮮卑民族成為蒙古高原的主人。西晉滅亡後，整個北中國陷入了匈奴、鮮卑、羯、氐、羌五胡爭霸的混戰之中，鮮卑拓跋部漸次崛起。西元 386 年，拓跋珪登國；西元 398 年，北魏王朝正式建立，定都平城；西元 439 年，拓跋燾統一北方；西元 448 年，征服西域（今新疆），西元 494 年，拓跋宏遷都洛陽。平城建都九十七閱春秋，一直是北朝的政治、經濟和文化中心，也是當時歐亞絲綢之路東端的國際型大都會。

北魏以後，平城衰敗，時而為北方遊牧民族盤據，時而由中原漢族軍隊駐守，直到唐朝中後期方始穩定。五代時，後晉石敬瑭獻幽、雲十六州於契丹。遼金二代，大同復興，立為「西京」陪都。元代，大同府是中國饋饗蒙古要道上的一大中轉站。明清時代，大同系九邊重鎮之一，號稱「京師北門」，實為首都西北的軍事屏障。

雲岡石窟坐落在大同城西十六公里的武州（周）山南麓，武州（今名十裡河）的北岸。石窟倚山開鑿，東西綿延一公里。按自然地勢劃分為三個區域：

東部第 1 窟～ 4 窟，中部第 5 窟～ 13 窟，西部第 14 窟～ 45 窟。現存大小窟龕 254 個，主要洞窟 45 座，造像 51000 餘尊，其餘動植物、花紋圖案不計其數。石窟規模宏大，雕刻藝術精湛，造像內容豐富，形象生動感人，堪稱中國佛教藝術的顛峰之作，代表了五世紀世界美術雕刻的最高水準。

下圖　雲岡早期佛像 - 第 18 窟外觀

雲岡峪自古是通往內蒙古陰山腹地的古道，秦漢時代的武州塞，大約就在雲岡石窟西側或南面附近，可惜早已消失在殘石碎瓦之中。武州山，北魏早期即被奉為神山。據《魏書禮志》記載，明元帝拓跋嗣做太子時，「乃於山上祈福於天地神柢。及即位，壇兆，後因以為常祀，歲一祭，牲用牛，帝皆親之，無常日。」後來，逐漸成為北魏皇帝祈雨、開窟、禮佛的“鹿苑”勝地。

雲岡石窟，北魏稱武州山石窟寺或靈岩寺。關於石窟的開鑿，《魏書釋老志》記述著：「和平初，師賢卒。曇曜代之，更名沙門統。初，曇曜以複佛法之明年，自中山被命赴京，值帝出，見於路，禦馬前銜曜衣，時以為馬識善人。帝後奉以師禮。曇曜白帝，于京城西武州塞，鑿山石壁，開窟五所，鐫建佛像各一。高者七十尺，次六十尺，雕飾奇偉，冠於一世。」文中講述的五所佛窟，即今雲岡第16窟～20窟，稱之為「曇曜五窟」。

《魏書釋老志》曰：「涼州自張軌後，世信佛教。敦煌地接西域，道俗交得其舊式，村塢相屬，多有塔寺。太延中，涼州平，徙其國人於京邑，沙門佛事皆俱東，象教彌增矣。」由此印證，太武帝太延五年（439年）平北涼，徙涼州（治今甘肅武威）吏民三萬戶於京師，平城佛教隨之興盛；特別是涼州民中有三千僧侶作為戰俘到達京城，從此成為平城佛教和武州山石窟建設的主力。

上圖　曇曜五窟之一　第20窟露天大佛。

下圖　雲岡中期石窟－第3窟主尊大佛佛手。

上圖 雲岡中期石窟－第5窟大佛洞北壁大佛，高十七米，是雲岡最高的佛像。為明代雲中八景之一雲岡摩雲。

太武帝拓跋燾於真君七年（446年）詔令滅法，《釋老志》記載北魏民間「金銀寶像及諸經論，大得秘藏。而土木宮塔，聲教所及，莫不畢毀矣。」當此武州山開鑿取石的錘聲大約仍在繼續，但石窟、佛雕的製作停止了。

文成帝拓跋濬興安元年（452年），初復佛法，「方詔遣立像，其徒惟恐再毀，謂木有時朽，土有時崩，金有時爍，至覆石以室，可永無泐。又慮像小可鑿而去，徑尺不已，至數尺；數尺不已，必窮其力至數十尺。累數百千，而佛乃久存不壞，使見者因像生感。」（朱彝尊《雲岡石佛記》）於是乎，曇曜五窟應運而生。

曇曜五窟的開鑿，掀起了武州山石窟寺建設的高潮。從文成帝開始，經獻文帝、馮太后，到孝文帝遷都，皇家經營約四十年，完成了所有大窟大像的開鑿。同時，雲岡附近的青磁窯石窟、魯班窯石窟、吳官屯石窟、焦山寺石窟、鹿野苑石窟等，也相繼完成。從民間到王公大臣、各地官吏、善男信女紛紛以個人，家族、邑社等形式參與石窟建造，或建一窟，或捐一龕，或造一壁，或施一軀，遂成就了武州山石窟寺的蔚為大觀。遷都之後，武州山的小規模石窟建設並未停息，直到正光五年（524年）六鎮起義的戰鼓響起。

雲岡石窟是北魏一個朝代完成的偉大工程，從文成復法啟動，到北魏末年終結，大致開鑿了七十年之久。雲岡石窟的誕生絕非偶然，而是諸多歷史必然性的結果。佛教自東漢進入中國，最初格義佛教以道教名詞比附傳播，經過鳩摩羅什及僧肇大師等高僧投入譯經的發展，

終於發展出本土化的覺性語言，佛法不必以道家的名詞來比附解說，在魏晉時逐漸獨立。

十六國時期，由於來自西北的胡族統治者的推奉而迅速發展，同時迎合了苦難深重的中原人民的精神需求。北魏太武帝滅佛，則從反方向刺激了佛教的勃興。石窟建造之風，由古印度、西域、河西漸次東傳，至平城而特盛。北魏自道武帝建國，到太武帝結束北方群雄割據的戰亂局面，各國各地的貴族官僚、儒士僧侶，能工巧匠、金銀財富薈萃平城。特別是隨後對西域的征服，直接迎來了中國歷史上東西文化交流的新一輪高峰。

武州山石窟的創作，最初是涼州高僧帶來了西域風格的佛教造像藝術，然後是古印度、獅子國（今斯里蘭卡）、西域諸國的胡沙門帶著佛經、佛像和畫本，隨商隊、使團而至，再後是曇曜建議徵集全國各地的寶像于京師，最後是徐州僧匠北上主持雲岡佛事。一代代、一批批高僧大德、精工藝匠，共同設計、共同製作，創造出雲岡石窟一座座曠世無雙的佛國世界。

北魏以後，雲岡石窟衰落了，梵音唱晚之聲，再沒有越過雁門山巒。隋大業三年（607 年），煬帝北巡塞外，歸途大約曾經遊幸雲岡。唐太宗貞觀四年（630 年），李靖平突厥，收復雁北，十四年，移雲州及定襄城於恒安。明年，守臣重建大石窟寺。大約當時，有儼禪師等曾對雲岡石窟佛像進行過修護。高宗永淳元年（682 年），突厥攻陷雲州，城池荒廢。玄宗開元十八年（730 年），複置雲州

上左圖　雲岡中期石窟 - 第 3 窟右脇侍大勢至菩薩。

上右圖　雲岡中期石窟 - 第 3 窟北壁主尊阿彌陀佛高 10 米。

下圖　雲岡後期佛像 - 第 29 窟南壁。

及雲中縣天寶元年（742 年），築大同軍城於雲中。不久，詩人宋昱北上，寫下了《題石窟寺——即魏孝文之所置》五言詩。之後，雲岡石窟闃寂無聞。

圖 1　雲岡中期石窟 - 第 5 窟附 12 洞佛像，眉眼細長，嘴角上揚，典雅含蓄，為雲岡石窟雕刻藝術的傑作。

圖 2　第 18 窟內景。

圖 3　雲岡中期石窟 - 第 12 窟音樂窟，為雲岡石窟雕飾最為華美的「五華洞」之一。

圖 4　雲岡早期佛像 - 第 18 窟脇侍菩薩。

金代改撥河道工程

遼代以後，武州山石窟寺又稱石佛寺。據《大金西京武州山重修大石窟寺碑》記載：遼興宗重熙十八年（1049 年），皇太后發願重修石窟寺，但因工程規模巨大，一時沒有完成。之後遼代武州山石窟寺的修建工程，大約延續了半個多世紀。

金朝「天會二年，大軍平西京，故元帥、晉國王到寺隨喜讚歎，曉諭軍兵，不令侵擾；井戒綱首，長切守護。又奏，特賜提點僧禪紫衣，並「通慧大德」號。九年，元帥府以河流近寺，恐致侵齧，委煙火司差夫三千人，改撥河道。」（《金碑》）西路元帥、晉王宗翰（粘罕）於天會九年（1131 年）將石窟前的武州川河道南移，遂形成今天十里河雲岡段現狀，可謂功德千秋。皇統三年至六年（1143 年～ 1146 年），住持法師稟慧重修「靈岩大閣」（今第 3 窟外的閣樓），「自是，山門氣象，翕然複完矣。」（《金碑》）

金代後期道士進駐的歷史

金代中後期，迫於蒙古族逐漸強盛的壓力，在西京北境加強了邊

牆、邊堡的防禦體系建設，武州山前築起了一座軍堡。這座名為石佛寺堡的建立，宣告了雲岡石窟的再次走向衰微。

1214年，金朝遷都汴梁（今河南開封），五京舊都相繼淪陷。據《至元辨偽錄》記載，蒙古大舉「兵火已來，精利名藍率例摧壞」。各地佛寺，「兵火之後，無僧看守。」正是在這種山寺無僧鐘自鳴的情況下，全真道士進駐了雲岡石窟，並在東部留下了「碧霞洞」、「雲深處」、「山水有清音」等遺跡。雲岡之名，大約從此醞釀、產生。

元代忽必烈至元年間（1264 ～ 1294 年），西京大華嚴寺慧明大師僧徒，重新收復了石佛寺，但是無法挽回雲岡石窟的整體頹勢。明朝嘉靖三十七年（1558 年），重修石佛寺堡為雲岡堡，萬曆二年（1574年），又建雲岡上堡與上下堡間的夾牆。從此，石佛寺侷縮於第 5、6 窟，徹底變作山野小寺。儘管清初地方官曾經維修、康熙皇帝曾經臨幸。

圖 5 雲岡後期菩薩像 - 第 37 窟南壁。

東方佛教藝術的曠世絕唱

雲岡石窟的藝術源流，一百多年來中外學者論述頗豐：有埃及影響說、希臘影響說、拓跋氏影響說，還有犍陀羅藝術、馬土拉藝術、笈多藝術、西域（新疆）藝術輸入說等。其中，以犍陀羅藝術、馬土拉成分、新疆風格等觀點最為流行。

北魏文成帝「太安初，有師子國胡沙門邪奢遺多、浮陀難提等五人，奉佛像三，到京都。皆雲，備歷西域諸國，見佛影跡及肉髻，外國諸王相承，咸遣工匠，摹寫其容，莫能及難提所造者，去十餘步，視之炳然，轉近轉微。又沙勒胡沙門，赴京師致佛鉢並畫像跡。」上述記載表明，平城、雲岡佛像與印度、新疆藝術有著一定的傳承關係。然而，考察犍陀羅、馬土拉佛教造像，我們總會產生一種似是而非的困惑，因為實在找不到多少與雲岡完全相同之處。

而那些造型、氣韻、時尚方面的差異，顯然表明彼此之間文化、藝術關係的斷裂，或存有闕環。相反，對新疆早期佛教遺存的觀摩，則令我們倍感熟悉和親切。這種親近的感受，來自庫車克孜爾石窟，也來自新疆遺存的中心方塔式佛殿，更來自塔里木盆地南北那種拓制便利、樣式紛繁、面如滿月、充滿異國情調的黃泥塑像。

從佛法東傳的時代背景分析，涼州僧匠最初帶到平城的只能是涼州模式或西域樣式，而涼州模式實際上就是西域南北兩道佛教的混合藝術。新疆式的犍陀羅藝術甚至馬土拉藝術，移花接木般地在雲岡石窟翻版，應當屬於歷史的必然。尤其是大乘佛教盛行的於闐、子合等地像法。從雲岡石窟的工程本身分析，涼州僧匠是規劃設計的主體，其所依憑的佛像、畫本及其造像法則，無論直接地還是間接地模仿西域，但設計藍圖必定是經過北魏皇帝、有司會審批准的，鮮卑與漢民族的審美願望自然滲透其中。而開鑿洞窟的工匠，包括部分涼州僧人，但主體是來自中原各地的漢人，因而大量運用的是中國傳統的雕刻技藝和表達方式。

我們可以說，西式設計與中式技藝是雲岡最大特點。當然，越往後來，中華傳統的份量越重，自主創新的意識越強。這就是為什麼雲岡造像藝術並不簡單雷同於印度、中亞、新疆的原因。

作為西來像法在中華大地綻放出的第一朵奇葩，雲岡石窟一改蔥嶺以東石窟寺泥塑、壁畫、木雕等藝術模式。直接比照印度的大型石窟建築，在東方首次營造出氣勢磅礡的全石雕性質的佛教石窟群。同時，廣泛吸收中外造像藝術精華，相容並蓄，融會貫通，成為中國早期佛教藝術的集大成者！

本文作者簡介
雲岡石窟研究院院長 張焯

張焯，河北懷安人。1963 年出生於山西大同，1985 年畢業於山西大學歷史系，1988 年天津師大歷史系研究生畢業，同年獲北京師範學院歷史學碩士學位。

2002 年 4 月，任雲岡石窟文物研究所副所長；2006 年 10 月至今，任雲岡石窟研究院院長，長期致力於雲岡學術研究。
已發表之學術論文有：《平城訪古記》、《鹿苑賦與雲岡石窟》、《金碑小議》、《徐州高僧入主雲岡石窟》等學術論文 30 餘篇。其歷時四年完成《雲岡石窟編年史》六十萬字鉅著，為首部雲岡石窟通史。

第三幕
公元前五百年・天女散覺華

不可思議方丈室中・普現不二門

公元前500年，印度毘耶離國，維摩詰方丈室內

步雲清空　青勝藍　毘耶國　武周山
妙喜淨土法性身　娑婆世界無垢稱
不可思議方丈室中　普現不二門

維摩一默聲如雷　言語道斷　非去來今
阿羅漢　三昧醉　心有真俗分　散華正合身
眾菩薩　超彼聲色外　眼處聞聲早得悟明
眾香佛國來　法身大士　無相現天女　妙手段
輔那維摩詰　相隨到雲岡　直到眾生成佛了　誓願乃成

不可思議方丈室中 • 普現不二門

公元前500年，印度毘耶離國，維摩詰方丈室內

公元前500年前，釋迦牟尼佛在人間弘化的時代，當時印度的毘耶離大城中，有一位著名的維摩詰居士。佛陀的學生當中，有出家的僧團，也有在家的居士，所以有所謂的：比丘、比丘尼、居士男（優婆塞）、居士女（優婆夷），稱為四眾弟子。

毘耶離大城中的這位維摩詰長者，在過去生已曾供養無量諸佛，是一位悟道的大菩薩，通達各種大乘法門，善於了知眾生種種根器，及性向所在，以智慧度化。維摩詰居士行止威儀如佛陀一般，讓人感受到如沐春風，智慧如海，不但是為佛陀所器重，也是僧團聖弟子及天上的帝釋天王、大梵天王所請益的對象。

維摩詰居士家財萬貫，他的夫人及女兒、兒子，也是深悟禪機的大修行者，一家子的生活充滿智慧，妙趣橫生，可說是幸福覺悟的家庭典範。

經典中記載著維摩詰居士：「以善巧方便化度眾生，廣行六度萬行。又維摩詰示現在家，卻無有貪愛雜染之心。雖為白衣，奉持沙門清淨律行；雖處居家，不著三界；示有妻子，常修梵行；現有眷屬，常樂遠離；

下圖 雲岡第6窟主室南壁文殊問疾

左圖　雲岡第 15 窟西壁的佛弟子比丘眾。

中圖　雲岡第 11 窟附洞窟頂舞蹈的飛天。

右圖　雲岡第 13 窟附洞頂部的頂花舞蹈的飛天。

雖服寶飾，而以相好嚴身；雖復飲食，而以禪悅為味。」

維摩詰居士更自述他的家庭身世：「智度菩薩母，方便以為父，一切眾導師，無不由是生。法喜以為妻，慈悲心為女，善心誠實男，畢竟空寂舍。……相具以嚴容，眾好飾其姿，慚愧之上服，深心為華鬘。」

在事業方面，維摩詰菩薩更是一位「菩薩商主」，善於經營企業，卻能了知財富的空性與大用。「一切治生諧偶，雖獲俗利，不以喜悅。」但並不是說維摩詰排拒營利，相反的，他「富有七財寶，教授以滋息。」他善於理財，但不是以此俗利為最後目的，而是「如所說修行，迴向為大利。」

除此之外，維摩詰居士無論到那裏，都能隨意拈來，依眾生之根性種類而施以救度。《維摩詰經》〈方便品〉中如是介紹這位大居士：「入講論處，導以大乘；入諸學堂，誘開童蒙；入諸婬舍，示欲之過；入諸酒肆，能立其志；若在長者，長者中尊，為說勝法；若在居士，居士中尊，斷其貪著；若在剎利，剎利中尊，教以忍辱；若在婆羅門，婆羅門中尊，除其我慢；若在大臣，大臣中尊，教以正法；若在王子，王子中尊，示以忠孝；若在內官，內官中尊，化政宮女；若在庶民，庶民中尊，令興福力；若在梵天，梵天中尊，誨以勝慧；若在帝釋，帝釋中尊，示現無常；若在護世，護世中尊，護諸眾生。長者維摩詰以如是等無量方便，饒益眾生。」

維摩詰菩薩，不同於傳統經典上所描寫之華麗莊嚴，相反的，他看來卻是一個再也平凡不過的老先生。在最高貴的王公大臣面前，他談笑風生，舉止高尚；在貧陋的酒肆、淫舍裏，他可能也和大家一樣說著俚俗的話，即使是小朋友也喜歡他。無論在何時何地，大家或許不會特別感覺到其存在，但是卻都在不知不覺中受到他的影響，趨向大乘之道。

維摩詰居士的家—維摩丈室

毘耶離大城：毗舍離 --《維摩詰經》宣說之地

毘耶離大城，即今之毗舍離，位於印度恆河北岸中印度的城市，意譯為「廣嚴城」。佛陀在世時，此地為離車族的都城，位於恒河北岸，與南方的摩揭陀國相對峙。佛陀在生前經常於此教弘化，著名的《維摩詰經》就是在此地宣說。佛陀年老時也是在此地宣佈即將入滅。

佛陀弟子中多聞第一的阿難尊者，也是在此地入滅。在入滅前，離車國和摩揭陀國為了爭取供養阿難尊者荼毘後的舍利，揚言不惜發動戰爭。阿難尊者無奈，只好以神通飛升於恆河上空，身中出火，自然火化，舍利也自動分為二份，讓兩國各自請回供養，這才停止了兩國之的紛爭。

佛陀滅度後第一次的經典結集在七葉窟舉行。經過一百一十年後，第二次的經典結集，則是由阿難尊者的弟子耶舍陀等人，於毗舍離聚集七百賢聖，舉行第二次佛典結集。佛陀滅度後二百年左右，阿育王於此地塔中獲得許多佛舍利，並將其移往國內。

上圖 毗舍離美麗的田野風光

下圖 毗舍離阿難舍利塔遺址及阿育王石柱

維摩詰居士的家是一個神秘的地方。《維摩詰經》〈觀眾生品〉中說，根據維摩丈室的天女告訴舍利弗尊者，維摩丈室有八種很奇特的殊勝之處：「舍利弗！此室常現八未曾有難得之法，何等為八？此室常以金色光照，晝夜無異，不以日月所照為明，是為一未曾有難得之法。此室入者，不為諸垢之所惱也，是為二未曾有難得之法。此室常有釋、梵、四天王、他方菩薩來會不絕，是為三未曾有難得之法。此室常說六波羅蜜不退轉法，是為四未曾有難得之法。此室常作天人第一之樂，絃出無量法化之聲，是為五未曾有難得之法。此室有四大藏，眾寶積滿，賙窮濟乏，求得無盡，是為六未曾有難得之法。

此室釋迦牟尼佛、阿彌陀佛、阿閦佛、寶德、寶炎、寶月、寶嚴、難勝、師子響，一切利成，如是等十方無量諸佛，是上人念時，即皆為來廣說諸佛秘要法藏，說已還去，是為七未曾有難得之法。此室一切諸天嚴飾宮殿、諸佛淨土皆於中現，是為八未曾有難得之法。」

維摩詰菩薩的家，不須燈燭，日夜自然金光晃耀，時時有天樂飄飄，能夠啟發人心的美樂。他的家中寶藏無盡，布施眾生無有匱乏，最特別的，維摩丈室來往的賓客，都是天界的天王與外星來的菩薩聖眾。而且他經常迎請釋迦牟尼佛，他方世界的阿彌陀佛、阿閦佛等其他佛土的諸佛來此宣說甚深法要。維摩詰居士的家有著這種種不可思議的殊勝。

維摩詰居士的病

故事從維摩詰居士的病說起。

幕一拉開，一個老人奄奄一息地躺在那兒。他的長相很平常，有點鬍鬚，自言自語地說著：「世尊大慈，寧不垂愍？」在這邊，痛還是要喊痛的，但是苦則不受。

佛陀知道維摩詰居士病了，要派弟子去探病慰問。佛陀先命智慧第一的舍利弗，但舍利弗因曾受過居士的責難而辭拒；再命目連尊者，其亦以同樣的理由而推辭。佛陀一一詢問大迦葉、須菩提等十大弟子，大家對維摩詰的智慧辯才都招架不住而辭卻。

最後，佛陀對文殊菩薩說：「那就你去吧！」

文殊師利白佛言：「世尊！彼上人者難為詶對，深達實相，善說法要，辯才無滯，智慧無礙，一切菩薩法式悉知，諸佛祕藏無不得入，降伏眾魔，遊戲神通，其慧方便皆已得度。雖然，當承佛聖旨，詣彼問疾。」

文殊菩薩先向佛陀說明維摩詰菩薩的特德，他深深了知維摩詰居士的深廣智慧、善說法要，以及無礙辯才。雖然如此，既然佛陀派他去向維摩詰菩薩問疾，他也就去了。

於是眾中諸菩薩、大弟子、釋、梵、四天王等，咸作是念：「今二大士文殊師利、維摩詰共談，必說妙法。」即時，八千菩薩、五百聲聞、百千天人皆欲隨從。於是文殊師利與諸菩薩、大弟子眾，及諸天人恭敬圍繞，入毘耶離大城。

本來大家都怯於維摩詰菩薩的辯才，沒有一個人敢去向維摩詰菩薩問疾。但現在看到文殊菩薩要去問疾，誰也不願錯過這兩位頂尖智者的對談，所以全都跟著去了。

爾時，長者維摩詰心念：「今文殊師利與大眾俱來。」即以神力空其室內，除去所有及諸侍者，唯置一床，以疾而臥。

這時維摩詰居士示現「虛空寂靜境界」，把丈室裏的東西都消失了，只剩下床，連椅子也沒有。

文殊師利既入其舍，見其室空，無諸所有，獨寢一床。時，維摩詰言：「善來！文殊師利！

下圖　雲岡第 18 窟東壁菩薩與諸弟子。

不來相而來。不見相而見。」

文殊菩薩一來，維摩詰居士立刻就出了第一招。而這要怎麼回答呢？「不來相而來，不見相而見」，舉止動靜皆是實相，所以「不見相而見，不來相而來」。有來嗎？有來。有來相嗎？沒有來相。有見嗎？有見。有見相嗎？沒有見相。

雖然維摩詰居士如此發難，但文殊菩薩回答得卻很妙；這一句話，若大家悟入了，就是悟入不可思議的維摩詰境界。

文殊師利言：「如是！居士！若來已更不來，若去已更不去。」就是這個，沒有再任何添加了。「若來已更不來，若去已更不去」，就是「如」，就是實相。

來者，無所從。來者會有所從來嗎？來者無所從來，去者無所至，過去、現在、未來，前、中、後，都是這個。所謂可見者，更不可見，見者更不可見，已見者，更不可見，乃名如見，所以說「不見相而見」。

維摩詰居士出的第一招，就是「無相見」。文殊菩薩馬上回過來一招——「如來見」。

兩位高手過了第一招之後，就回到主題來。文殊菩薩接著說：「且置是事，居士！是疾寧可忍不？療治有損，不至增乎？世尊慇懃致問無量。居士！是疾何所因起？其生久如？當云何滅？意為居士！這個病還好吧？有沒有去看醫生呢？世尊特地慰問您。您這個病是怎麼引起的呢？多久才會好啊？

維摩詰言：「從癡有愛，則我病生。」意即病是從愚痴而有的，從愚痴的無明而輾轉生起的愛作用，這是我病生的原因啊！

「以一切眾生病，是故我病。若一切眾生病滅，則我病滅。所以者何？菩薩為眾生故入生死，有生死則有病；若眾生得離病者，則菩薩無復病。譬如長者唯有一子，其子得病，父母亦病；若子病愈，父母亦愈。菩薩如是，於諸眾生愛之若子，眾生病則菩薩病，眾生病愈，菩薩亦愈。」

所以說，這是大悲病。又言：「是疾何所因起？」文殊菩薩再問：「您的病是什麼原因引起的？」

「菩薩病者以大悲起。」居士回答：「菩薩所生的病，是因大悲引起的。」菩薩病是大悲病。

接下來，文殊菩薩又問：「居士！此室何以空無侍者？」這是維摩詰居士的示現，境的示現。維摩詰言：「諸佛國土亦復

《維摩詰所說經》

《維摩詰所說經》，梵文的全名為 Arya-VimalakIrti-nirdesa nama mahayana-sutra（聖維摩詰所說的大乘經）。「維摩詰」為梵文 VimalakIrti 的音譯，意譯作「淨名」或「無垢稱」，亦即本經的主講者。如文中所說，維摩詰住在跋闍（Vriji）國的離車（Licchavi）族首都之毘耶離（Vaisali）城，是城中的大富豪。在《佛說大方等頂王經》中，曾提到其兒子名善思；又《佛說月上女經》中，提及他的妻子名無垢，女兒名月上。依據本經〈方便品〉中所說，維摩詰是在家居士，通達佛理，示有妻子而常修梵行，見貧者即施惠，見亂行者即教導，入酒店而行教化，進宮教示宮人；經常隨處宣揚妙法所，到之處無人不尊敬。本經是以這位在家居士維摩詰為中心人物，藉其所言，而用優婉妙麗的文筆，敘述幽玄深奧的大乘佛教真理，所以稱為《維摩詰所說經》。

另外，本經一名〈不可思議解脫〉，此非因為依據本經〈囑累品〉記載，佛囑示阿難將本經命名為「不可思議解脫法門」所致，而是因為本經內容乃在敘述超越常識、理論立場之不可思議的境界。不僅在本經〈不思議品〉裡，維摩詰對舍利弗講說「不可思議解脫法門」，而且僧肇亦曾說道：「此經始自於淨土，終於法供養，其中所明雖殊，然其不可思議解脫一也，故總以為名焉。」因本經處處敘述甚深不可思議的實相，故以此為名。

皆空。」

又仁所問：『何無侍者？』一切眾魔及諸外道皆吾侍也！所以者何？眾魔者樂生死，菩薩於生死而不捨；外道者樂諸見。菩薩於諸見而不動。」

「空當於何求？當於六十二見中求。」六十二見就是指六十二種邪見。六十二見，也是分別，也是執著，再如何執著，再如何分別，還是空。

「六十二見當於何求？當於諸佛解脫中求。」這裏又拉回來了，拉過去又拉回來，完全在彰顯破除執著的實相。讓人不執「佛、解脫」，亦不貪「離於六十二見」。

「諸佛解脫當於何求？當於一切眾生心行中求。」一切眾生心即是諸佛解脫。「一切眾魔及諸外道是吾侍者也！所以者何？眾魔者樂生死，菩薩於生死而不捨。」這句話太好了！「外道者樂諸見。菩薩於諸見而不動。」這些外道、眾魔都是我的侍者，因為我於生死而不捨，於諸見而不動，但不是被掐住，所以我為主，眾魔、外道是侍者。

上圖 雲岡第 15 窟西壁龕飾中的天女

文殊師利言：「居士所疾，為何等相？」

維摩詰言：「我病無形不可見。」又問：「此病身合耶？心合耶？」

答曰：「非身合，身相離故；亦非心合，心如幻故。」

又問：「地大、水大、火大、風大，於此四大何大之病？」

答曰：「是病非地大，亦不離地大；水火風大，亦復如是。而眾生病從四大起，以其有病，是故我病。」

此處雖是一般世間關係探病的問答，但無不是在講實相。除了從菩薩不斷的示現，如維摩詰居士以疾病示現，使大眾發起阿耨多羅三藐三菩提心之外，也透過劇場的效果來顯現實相。

爾時，文殊師利問維摩詰言：「菩薩云何觀於眾生？」

維摩詰言：「譬如幻師見所幻人，菩薩觀眾生為若此。如智者見水中月，如鏡中見其面像，如熱時焰，如呼聲響，如空中雲，如水聚沫，如水上泡，如芭蕉堅，如電久住，如第五大，如第六陰，如第七情，如十三入，如十九界；菩薩觀眾生為若此。」

菩薩所見一切眾生，悉皆如幻。

再來，文殊菩薩又問：「菩薩如何從如幻觀中，起慈、悲、喜、捨等四無量行呢？」維摩詰居士則首先回答慈：「菩薩作是觀已，自念：『我當為眾生說如斯法。』是即真實慈也！」再是悲：「菩薩所作功德，皆與一切眾生共之。」

然後是喜：「有所饒益，歡喜無悔。」再是捨：「所作福祐，無所悕望。」

天女散覺華

接下來，又進入另一個不可思議境界：

時，維摩詰室有一天女，見諸大人聞所說法，便現其身，即以天華散諸菩薩、大弟子上。華至諸菩薩即皆墮落，至大弟子便著不墮。一切弟子神力去華，不能令去。如果以磁鐵來比喻，菩薩們沒有執著分別，就好像沒有陰極和陽極一般，不會產生作用。

如果將「真」、「俗」比喻為極和陽極，那麼兩者必定會相吸，排斥也是另一種吸引的形式。對菩薩們而言，華是如，我是如，而沒有「我是真，花是妄」這種對立分別，所以不會吸住。

爾時，天女問舍利弗：「何故去華？」答曰：「此華不如法，是以去之。」

這時，天女就說：「勿謂此華為不如法。所以者何？是華無所分別，仁者自生分別想耳！若於佛法出家，有所分別為不如法；若無所分別，

下圖　雲岡第 10 窟明窗頂部飛天托蓮。

是則如法。「無所分別」，能不能了知呢？仍然可以清楚了知！

「觀諸菩薩華不著者，已斷一切分別想故。」菩薩看到花時，知不知道那是花呢？當然知道那是花！但是對它並不起執著心。

「譬如人畏時，非人得其便；如是弟子畏生死故，色、聲、香、味、觸得其便也。已離畏者，一切五欲無能為也！結習未盡，華著身耳；結習盡者，華不著也！」這個現象，是因為諸位聲聞弟子執於真境，執著此花不如法，不能安住實相，不能現見一切現空。

接下來，舍利弗又問了一個很有趣的問題：「天止此室，其已久如？」意即：妳在這兒多久了呢？

答曰：「我止此室，如耆年解脫。」我在這兒，就如長老解脫。

舍利弗言：「止此久耶？」那麼妳在這兒很久了？

天曰：「耆年解脫，亦何如久？」舍利弗默然不答。你解脫到底多久了呢？舍利弗默然不答，因為舍利弗也有很深的境界了。

天曰：「如何耆舊大智而默？」天女就問：「長老怎麼像大智慧的人一樣默而不答呢？」

答曰：「解脫者無所言說，故吾於是不知所云。」

天曰：「言說，文字皆解脫相。所以者何？解脫者，不內不外，不在兩間。文字亦不內不外，不在兩間。是故，舍利弗！無離文字說解脫也！所以者何？一切諸法是解脫相。」文字般若亦證實相般若，即是此義，不在內、不在外、不在中間。

舍利弗言：「不復以離婬、怒、癡為解脫乎？」

天曰：「佛為增上慢人說離婬、怒、癡為解脫耳！若無增上慢者，佛說婬、怒、癡性即是解脫。」

舍利弗言：「善哉！善哉！天女！汝何所得？以何為證？辯乃如是。」

天曰：「我無得無證故辯如是。所以者何？若有得有證者，即於佛法為增上慢。」

這是對法的辯證。因此我們可以看出：聲聞乘的聖者對佛有一個形像的執著。到後面，舍利弗又提出一個問題：

舍利弗言：「汝何以不轉女身？」妳為什麼不轉女成男呢？

天曰：「我從十二年來求女人相了不可得，當何所轉？譬如幻師化作幻女，若有人問：『何以不轉女身！』是人為正問不？」如果有男士夢見自己變成女人，別人問他，何不成證男身，這不是很荒謬嗎？夢中是如幻的，現在也是如幻吧？

舍利弗言：「不也！幻無定相，當何所轉。」

天曰：「一切諸法亦復如是，無有定相，云何乃問不轉女身？」接著，

上圖 雲岡第 6 窟降魔成道圖。

天女開了一個大玩笑：即時，天女以神通力，變舍利弗令如天女，天自化身如舍利弗，而問言：「何以不轉女身？」

舍利弗以天女像而答言：「我今不知何轉而變為女身。」

天曰：「舍利弗！若能轉此女身，則一切女人亦當能轉；如舍利弗非女而現女身，一切女人亦復如是，雖現女身而非女也！是故佛說一切諸法非男非女。」即時，天女還攝神力，舍利弗身還復如故。

天問：「舍利弗！女身色相今何所在？」

舍利弗言：「女身色相，無在無不在。」

天曰：「一切諸法亦復如是，無在無不在。夫無在無不在者，佛所說也！」

維摩丈室的這位天女，其實是法身大士，是一位大菩薩，從無相中示現天女之相，以巧妙幽默的戲劇手法，暢言一切諸法即是解脫相，大乘妙理無有男女相。

天女和維摩詰居士有著相同的悲願，在無盡的時空中，度化無窮的眾生。於是，從公元前 500 年印度的毘舍離大城，來到公元 453 年中國的雲岡，在如幻的時空中，從公元 3453 年的未來，回到公元 2013 年的賢者心宴中相聚，唱出一段穿越時空的「月下雲岡 • 天女散覺華」。

本文作者：地球禪者 洪啟嵩

《維摩詰經》的影響

自古以來，佛教界對本經的研究即相當盛行，因此，世人對本經信仰上的持誦、崇拜多極深篤，所以也常常盛傳有關本經神秘靈驗的故事。例如：宋朝孝建年間的沙門普明常持誦《法華經》和《維摩詰經》，據說當其持誦本經時，空中可聞唱樂聲；另外，梁天監末年，釋道琳因讀誦本經的功德而除魔障；隋朝的王胄因病而臥居閩海偏僻地，經好友顗法師的勸告，以本經調伏了身心之疾；宋代的吏官齊賢，因信奉本經的功德，航行遇大風而免死，乃鏤刻本經廣布流傳；在日本，齊明天皇二年，中臣鎌足病於宇治山城的別墅，經百濟的尼僧法明之勸告，讀誦本經的〈問疾品〉後，病忽然痊癒。諸如此類的記載不勝枚舉。

此外，本經在文學史上的影響也相當大。如唐代詩人王維，因傾心於本經，乃稱其字為摩詰。自宋至元、明，以本經為題材的詩賦、繪畫特別多。至於〈方便品〉中的聚沫、泡、炎等十種比喻，古來即常被選作詩歌的題材；而文中提及的維摩之方丈空室，唐代以後即被普遍用作僧室或僧侶的代名詞，且為日本的隱遁歌人鴨長明的名作「方丈記」之題名由來。

第四幕

公元二〇一三年●天下大同、人間幸福、地球和平

2013年的月下雲宴，竟也是在453年，

雲岡開鑿那一年，眾賢者就已相約再來。

蟾圓古時秋　寒泉心月印　空流淨霞

澄江含玉映法界

這廂是清淨毘盧遮那　那廂是未來佛彌勒尊

多寶如來釋迦佛雙雙對坐　歡喜談天

教那眾生全成了佛

慈悲喜捨　處處顯現　正是法性妙傳心

黃金新世紀　相約總在人間成

雲岡曬大佛 第一篇

雲岡中興會 雲巖五萬佛 法界同欣慶 天龍寂悅眾

雙虹覺光注 地球自圓明 眾生全如來 合十喜樂生

辛卯雲岡中興之際 諸佛同喜 加持於此大佛 一心頂禮供養

－ 洪啟嵩老師恭繪雲岡大佛寫真落款 2011 年八月

2013 年月下雲岡三千年盛會，以「雲岡曬大佛」揭開序幕。本幅大畫是洪啟嵩老師恭繪雲岡大佛的巨幅寫真，寬 13 米，長達 25 米。2011 年，完成毛筆素寫，2013 年完成上色工程，空運至雲岡展出。

「曬大佛」本是西藏寺院的傳統，最著名的是哲蚌寺雪頓節的曬大佛，以布刺繡的大佛唐卡，面積約六百平方米，從山谷上垂掛下來，非常壯觀。2011 年洪老師畫的雲岡大佛寫真，讓張院長福至心靈，而有「雲岡曬大佛」之構想。

本次雲岡曬大佛，在第十七窟彌勒三尊洞前的廣場進行。彌勒菩薩象徵著未來人間淨土的圓滿，與月下雲岡促進「天下大同 • 人間幸福 • 地球和平」的核心精神相呼應。

洪老師與雲岡的因緣甚深，2009 年洪老師與張焯院長相會。張院長畢生投入雲岡歷史與藝術之研究。當他看到洪老師《送你一首渡河的歌—心經》書中的畫作，非常驚訝，認為此種畫風讓人聯想到佛典中所描寫的「佛影」傳說。

根據《觀佛三昧經》所記載，佛陀曾於石窟度化龍王，因龍王至誠祈請，希望佛留止於此窟，佛陀遂於窟中作十八變，踊身入石，猶如明鏡，在於石內，復映現於外。距十餘步遠遠望去，則如見佛金色相好、光明炳然之真形；近觀，則冥然不見，以手觸之，唯餘四壁。南朝宋詩人謝靈運的《佛影銘》中描寫道：「具說佛影，偏為靈奇，幽巖嵌壁，若有存形，容儀端莊，相好具足。」

近年來的考古發現，一千多年前，雲岡是個大伽藍，是僧眾生活與學習之處。洪老師在雲岡石窟研究院演講時，一語道出雲岡深厚的底蘊與創新：「從印度佛到中華禪的轉化，在豐富多元的原型文化交相激盪之下，加上佛法中鳩摩羅什、僧肇大師等偉大祖師的努力，加上曇曜大師的盛緣，以思想的濃度、厚度還有精確度，造就了雲岡的佛像，讓每一個觀看的人，自然深刻地融入這樣的境界。雲岡既有深厚的傳承，又有創新的跳脫。」

上圖 雲岡第十七窟：明窗東壁思惟菩薩。

雲岡石窟第十七窟：彌勒三尊洞

第十七窟彌勒三尊洞，為曇曜五窟之一，主像是交腳的彌勒菩薩，高 15.6 米，頭戴寶冠，胸佩蛇飾及短瓔珞，臂著釧，斜披絡腋，束腰收腹，下著羊腸長裙，安坐於獅子座，具有濃郁的異域情調。西壁立佛面龐渾圓，造型古樸壯美。東壁坐佛雙肩齊挺，服飾線條流暢，刀法嫻熟。窟內四壁以千佛雕刻為主，雕像清簡勁直，純真樸質，反映了雲岡早期造像的藝術特點。西壁佛像背光外緣供養天，單腿半跪，雙手捧蓮，神情恬靜，造型優美。明窗東壁太和十三年（487）造像龕，是雲岡石窟分期斷代的重要指標。

洪老師認為，在 21 世紀，雲岡石窟必能以文化藝術的溫柔風貌，為世人開啟覺性的幸福。基於這樣的核心精神，洪老師開始擘劃著現代雲岡中興計劃，思維著如何讓雲岡古佛產生現代文創新風貌。

2011 年，洪老師二度訪雲岡，四月份於雲岡拍攝佛身生理學妙定禪教學 DVD，以雲岡大佛的佛身造像，教授如何以人身圓滿成就佛身的妙定養生禪法。同年八月，於雲岡石窟寫下 25 公尺的大佛字及雲岡大佛素描，寫下歷史。

2011 年在雲岡寫大佛，是創下歷史的浩大工程。除了洪老師本身的大佛書寫之外，所使用的紙、筆，都是創記錄。

當時書寫用的大毛筆，是由台灣製筆名家郭大成先生以特級的馬尾毛所製成，加上筆桿，空重近 8 公斤，再加上墨汁，總重量約 15 公斤。洪老師單手拈筆，完全依照書法的筆法書寫。由於筆極重，洪老師又以中鋒運筆，如果將筆的全部重量加到紙上，紙將不只是破掉，而是碎掉。

運用這樣的大筆，要寫在宣紙上，也是一大挑戰，由於宣紙本來就極為脆弱易破，站在紙上的腳步必須極為輕柔，提著筆，以妙定功凌波微步之姿，若有神助，倒退著在宣紙上寫下二十五公尺的大佛字。

畫前的鋪紙、壓紙，及畫完後的收紙，也是一項大工程。光是宣紙下的墊布就考倒專家。大佛前方的廣場，如果只有原先準備的塑膠布和不織布，還不足以保護書畫的宣紙。在寫大佛之前，為了以何種材料墊底，才能將粗糙不平的石地板面鋪平？大家傷透腦筋。幸好雲岡餐飲部的劉師傅福至心靈，跑到建材行買來五大捆建築用來鋪地面的塑膠地毯。地墊一捆即重達一百公斤，劉師傅一個人開著車，一口氣買了五捆，五百公斤重的地墊，開著自己的車專程載來，令人感動。

寫大佛字時，當洪老師在前頭寫著，一陣清風吹來，將後段的白紙吹成了長龍飄空，現場協助的雲岡同仁笑道：「雲岡五萬諸佛的靈氣都給灌了進去！」雖然是極祥瑞相，也是讓大伙手忙腳亂了好一陣子，才趕在洪老師寫達之前，重新將 300 多平方米的紙給鋪平了。這些浩大的工程，幸好有雲岡石窟研究院的同仁，自動自發一起加入協助，共同圓滿了這項歷史任務。

下圖 2011 年洪老師於雲岡寫大佛，題「雲佛」致贈張焯院長。

為了不影響到進入雲岡石窟觀覽的遊客，所有的工作、拍攝，都必須利用大清早遊客入園之前，及晚間閉園之

後，短暫的時間進行，經常在凌晨 4:00 就必須起身，在早晨 8:30 前必須寫完且收場收好，晚上 6:00 左右再進行另一階段，晚間收工已經是午夜 11:00 了。

其中有一天，白天下起雨來，大家一直祈禱著雨趕快停，以免影響晚間寫大字的行程。到了傍晚，雨果真停了，而且天空出現罕見的雙道彩虹瑞相，煞是奇特美麗。

當大家準備進入石窟勘查地面積水情況，當地人都說不必白費心了，根據以往的經驗，這樣的大雨，地上一定是積滿了水，不可能那麼快乾的。奇怪的是，當進去勘察時，地面卻乾得很快，只剩下粗糙的石塊窪處仍有積水，雖然晚上不能寫，但至少確定隔天一大早來寫，不會有積水的問題。當地人無不嘖嘖稱奇，直說是護法示現的奇蹟。

2011 年在雲岡進行的藝術創作，除了大佛字與大佛書寫，並完成了另一幅特別的作品—阿旃塔 • 雲岡心經（3X10 公尺）。這幅心經的前半卷是 2010 年於印度阿旃塔石窟所寫，後半卷則是 2011 年在中國雲岡石窟圓滿，象徵著佛法從印度到中國的傳承之路。

2013 年六月，當張院長提及「雲岡曬大佛」的構想時，洪老師立即著手進行上色工程。時值盛暑，在特製的200多坪無樑柱鐵皮屋裏，耐著攝氏三十五度以上的高溫，洪老師每天要蹲上八小時以上為大佛著色，涔涔的汗水滴下融入佛身彩墨中，是一心為了祈願眾生成佛的悲願苦行。

終於在出發前夕，25 公尺大佛的上色工程及時完成，分為七個單位的卷軸仔細包裝好，空運到雲岡。當為首的貴賓們將大佛畫身解開，與會大眾立即爭相上前將大佛完全展開，大家都相信觸摸到這幅稀世的大佛，能帶來好運與福氣。

下圖 雲岡第 17 窟西壁右脇侍佛

洪啟嵩老師的禪畫修練

心如工畫師　畫種種五陰　一切世界中　無法而不造

如心佛亦爾　如佛眾生然　心佛及眾生　是三無差別

－《大方廣佛華嚴經》卷十

禪畫藝術是洪老師生命的修練之路。他曾以「觀音畫我」為題，自述其藝術的修練境界：

繪畫對我而言，其實是一種修行的過程。

「我畫觀音」是一種技術，「觀音畫我」則是一種修行；必須空掉自我的執著，才能與觀音的心相應來畫觀音；只有觀音才能畫觀音。

我畫畫本身是在改變我自己的；而不是像藝術家一樣創造作品。

我在創作的時候，不是我去畫了這幅觀音，而是透過這個觀音來改變我，空掉自己，與觀音的身、語、意相應，從這樣的觀想中，我的身心是要跟這個畫完全統一，所以當這個畫完成的時候，我可能還沒有圓滿，但是畫已經圓滿了，他自己會自己去走他在世間弘法的路，會去度化眾生，而且會比我的生命更長久。

人的生命有限，我活得再久，頂多也是一百多年，但是這些畫可能會留存上千年，但是如果保持良好，就可能是幾千年，就像現在著名的古畫，在千百年後還能展現在我們面前。就如同雲岡的五萬一千佛，在一千五百年後，仍然帶給觀看者無比的震撼與感動。

洪老師所繪雲岡大佛的寫真（13X25 公尺），是目前世界上畫於紙上最大的佛像。2007 年起，洪老師開始進行巨幅佛畫與書法的藝術創作，從 2007 年恭繪五公尺的千手觀音為台灣禽流感祈福，2008 年恭繪五公尺佛畫朝禮佛陀成道聖地印度菩提伽耶，2010 年於菩提伽耶揮毫書寫 16 公尺大佛字，到 2011 年於雲岡書寫 25 公尺大佛字，2012 年於台北漢字文化節寫下 38X27 公尺大龍字，洪老師在世界各個重要的聖地，留下地球曼荼羅，同時也不斷創下世界紀錄。

洪老師開始畫大畫的因緣十分奇特，有一天，他做了一個夢，夢中佛陀拿了一塊寫著「麒麟」兩個字的木牌送給他，於是他也拿了一幅一百公尺的佛畫回贈供養佛陀。待夢醒時回想起來，恍然大悟被佛陀給騙了！但夢中的畫既已送，就要實踐，於是洪老師開始有計劃地畫大佛、寫大字，一次次向更大的尺寸挑戰，2013 年年底，洪老師開始籌備百公尺的大佛畫工程： 150X70 公尺，高達台北 101 大樓的一半高度，將創下完成人類史上最鉅大的畫作記錄。

畫者簡介 地球禪者 洪啟嵩

地球禪者洪啟嵩，國際知名禪學大師，自幼思惟生命的真諦，參學各派禪法，尋求生命昇華超越之道。十七歲時，因讀《六祖壇經》而深有體悟，二十歲開始教授禪定。畢生致力於推展人類普覺運動，以著述、講學、藝術著稱。其著作超過二百部，為暢銷書作家，並以巨幅佛畫及漢字書寫馳名，屢創世界紀錄。

1983 年・於南投仁愛鄉別毛山閉關，出關後倡導佛法人間理念，致力於佛教出版、文化推動，落實人間淨土。

1986 年・編印文殊大藏經，為全世界首部電腦精印、標點、註釋之現代化大藏經。

1987 年・出版隨身法藏，開隨身閱讀經典風氣之先。

1988 年・首倡落實生態與精神環保的人間淨土，及萬名菩薩捨身報恩之器官捐贈運動。

・開始主持禪七，致力於推廣禪定教育及著述。

1990 年・以＜文殊雜誌＞獲行政院文建會金鼎獎，為佛教雜誌首次獲此殊榮。

1995 年・開始講授高階禪觀課程長達八年（1995-2002），涵蓋佛法百餘種三昧禪觀。

・開始繪畫、金石、雕塑等藝術創作。

1999 年・台灣九二一大地震，以「放鬆禪法」，幫助災民及救災國軍身心療癒，獲國防部表揚。

・開始為台灣法務部矯正司，培訓全國監所管理人員禪坐師資超過千人次（1999-2002）。

2000 年・出版《前未來》一書，安定「世紀末」的不安惶亂，台北捷運公司並依此發行「歷史的變遷—前未來」捷運套票。

2002 年・依據禪定與佛身之原理，發展出革命性養生功法 --「妙定禪」。

2003 年・全球 SARS 風暴，以＜放鬆禪法＞幫助醫護人員抒解身心壓力。

2004 年・應邀至美國弘法，哈佛大學、麻省理工學院、俄亥俄大學演講教學，並於麻州佛教會、美國佛教會莊嚴寺、大覺寺、矽谷聞思修居士林等主持禪七、禪十等深層心靈禪修。

2005 年・所講高階禪觀八年課程授課偈頌大綱，結集為《禪觀秘要》鉅著，集古今禪法大成。

2007 年・恭繪五公尺千手觀音，為全球禽流感等疫疾祈福。

2008 年・首度提出「地球禪」，帶領世界各地百名學人，在佛陀圓滿覺悟之地—印度菩提伽耶，主持禪七。

・其所繪之五公尺巨幅成道佛，被懸掛於正覺大塔之阿育王山門，為首獲此殊榮者。（圖 1）

・於中華禪發祥地—六祖惠能南華寺主持禪七，遭逢中國汶川大地震鉅變，以放鬆禪法幫助成千上萬災民與志工災後心靈重建。

・應邀至中國社會科學院，中國北京大學、人民大學、清華大學，上海復旦大學、上海師範大學等世界知名學府演講教學，以禪提昇心靈，運用於身心深層解壓。

・應邀至美國哈佛醫學院教學醫院（MGH），為科學家演講放鬆禪法

「Relaxation Zen」，祈願將此方法運用於未來人類星際旅行。

2009 年 • 於台北講授般若之學《肇論》。
• 應邀參加德國法蘭克福書展、與北美進行的「變動時代的安心自在」作巡迴演講。
• 以中華禪對世界之卓越貢獻，獲舊金山市政府頒發榮譽狀。（圖 5 ）
• 著《菩薩商主》，提出菩薩經濟學理論，期以佛法作為人類經濟與發展之明燈。
• 《覺型建築 -- 佛教建築的空性與空間性》專文（ 載於上海復旦大學「佛教觀察」期刊）。

2010 年 • 於印度菩提伽耶現場揮毫書寫十六公尺大佛字，開啟漢字書法藝術新頁。（圖 2 ）
• 於阿旃塔石窟書寫巨幅心經，完成前半幅，後半幅至 2011 年於中國雲岡完成，象徵佛法從印度傳至中國。（圖 3 ）
• 以《菩薩經濟學》，獲不丹總理頒發榮譽狀，為華人首獲此殊榮。（圖 6 ）
• 推動 2010 台北國際花博不丹館籌建、2011 年台北國際書展邀請不丹主題國及首屆台灣不丹 GNH 會議，開創台灣不丹高度文化交流高峰。

2011 年 • 首創於浙江龍泉青瓷繪禪畫，開啟龍泉青瓷嶄新里程碑。
• 應邀至中國北京大學書法藝術研究所演講。
• 於尼泊爾完成 100 公尺書法雪山素描（圖 4 ），於不丹完成 100 公尺書法心經。（圖 7 ）
• 於中國雲岡石窟揮毫書寫 13X25 公尺大佛字，雲岡大佛書法素描，及 3x10 公尺「阿旃塔 • 雲岡心經」。
• 完成世界最大忿怒蓮師畫像（10X5 公尺）。

2012 年 • 完成巨幅孔雀明王畫像（3.6x1.45 公尺），為台灣及世界疫疾流感祈福。
• 應邀至台北第八屆漢字文化節，於台北火車站揮毫書寫 38x27 公尺大龍字，創下手持毛筆書寫巨型漢字世界記錄。（圖 8 ）
• 《白話華嚴經》出版（1993 年譯，2012 年增補版），全書超過 200 萬字，為《華嚴經》完整現代語譯第一人。
• 創立南玥美術館。

2013 年 • 出版《幸福是什麼？不丹總理吉美 ‧ 廷禮國家與個人幸福 26 講》，推動「幸福，地球心運動！」
• 指導覺性地球協會籌辦「月下雲岡三千年」活動。
• 指導推動 < 不丹 • GNH> 獲得諾貝爾和平獎提名。
• 擔任紐約漢字文化節書法評審。
• 以「幸福企業導師」身份，出席北京中國競爭力年會頒獎貴賓。
• 籌備恭繪人類史上最鉅大佛畫（150X70 公尺）。

國樂名家三重奏

雲樂鳴空　超彼聲色　六根圓覺　寂淨聽心

月下雲岡晚宴音樂演出，首先登場的是「國樂名家三重奏」，琵琶、揚琴與簫，彷彿石窟中的伎樂天從壁上走出來共與盛會，演出了悠揚動人的「春江花月夜」，及充滿虔敬感性的「文殊禮贊」。

山西五台山是文殊菩薩的聖地，與雲岡五萬一千佛相輝映。文殊禮贊詞：「如大雷震，煩惱睡起，業之鐵索為解脫。無明暗除，苦之苗芽，盡皆為斷揮寶劍。」大智文殊菩薩以智慧之力，如大雷震，令眾生從煩惱迷夢中警覺，使諸業之鏈鎖皆令解脫，除無明暗，斷諸苦苗。在歌者明淨的歌聲中，禮贊菩薩聖德與祈求加被。

文殊禮贊詞
南無大智文殊師利菩薩摩訶薩！
誰之智慧，離二障雲，猶如淨日極明朗。
所有諸義，如實觀故，胸間執持般若函。
諸有於此，生死牢獄，無明暗覆苦所逼。
眾生海中，悲同一子，具足六十韻音語。
如大雷震，煩惱睡起，業之鐵索為解脫。
無明暗除，苦之苗芽，盡皆為斷揮寶劍。
從本清淨，究竟十地，功德身圓，佛子最勝禮。
百一十二，相好莊嚴，除我心暗，敬禮妙吉祥。
嗡啊喇巴作納滴（文殊菩薩心咒）

小提琴獨奏 · 雙鋼琴組曲

小提琴獨奏與雙鋼琴演奏，西洋音樂與國樂形成鮮明的對比，也呈現出北魏時代的平城，各種多元文化交相激盪，胡漢交融的盛況。演出舞台以洪老師所書寫 3X10 公尺之「阿旃塔 • 雲岡心經」原畫為背景，與台上兩座白色演奏型鋼琴，形成和諧獨特的構圖。擔綱演出的上海音樂學院孫韻博士，看見現場的兩台白鋼琴，又驚又喜，即便是在上海等大城市，在這麼短暫的籌備時間內，也不一定能如此順利調度。為了這場雲岡大佛前的盛會，除了各方善緣齊力匯聚之外，冥冥中五萬一千佛的加持，讓每一個環節都銜接得恰到好處。小提琴與鋼琴演奏著埃爾加「愛的致意」，及勃拉姆斯「匈牙利舞曲」，雙鋼琴與手鼓合鳴，奏出了米約的《巴西狂歡節》，現場洋溢著節慶的歡樂氣氛。

上圖 雙鋼琴組曲由上海音樂學院孫韻博士（中）及張薇聰博士（左）共同演出。

雲岡石窟第 12 窟是世界上絕無僅有、用立體雕刻形式記載古代音樂人盛大演出場面的文化遺產。人類文化真善美的發展，象徵著世間的昇平幸福，以音樂供養諸佛的盛大場面，在雲岡石窟留存千年，月下雲岡的音樂盛宴，宛如石窟中的歌神緊那羅與樂神乾闥婆，奏出令人心醉的音樂，供養禮贊諸佛菩薩。

孫韻（鋼琴）

十一歲時師從鋼琴家殷承宗，十六歲獲得美國紐約曼哈頓音樂學院鋼琴預科的最高獎學金赴美留學，先後獲得鋼琴學士、碩士、高級演奏文憑及鋼琴演奏博士學位。曾在美國紐約舉行的第 22 屆國際藝術家比賽中，獲鋼琴一等獎，1995 年辛辛那提世界鋼琴比賽大獎。

多次於紐約卡內基音樂廳、紐約林肯中心，及荷蘭阿姆斯特丹 G-bow 音樂廳演出。

先後師從出自於俄羅斯流派涅高茲門下的紐約曼尼斯音樂學院鋼琴教授尼娜・斯維特拉諾娃和歐洲施奈貝爾學派的美國朱麗亞音樂學院羅伯特・麥當勞教授，是目前在國內少有的深得西方音樂界德、俄兩大學派精髓的青年鋼琴家，掌握了科學的鋼琴演奏技巧及全面的音樂演奏風格。2002 年起任教上海音樂學院鋼琴系，作育英才，其學生在國內國際比賽中屢屢獲獎。

趙霞（揚琴）

中國東方演藝集團　國家一級演奏員。

生於上海，7 歲開始學習揚琴，12 歲即獲得全國少年兒童民族器樂比賽金獎。1983 年考入中央音樂學院附中，1989 年考入中央音樂學院本科，師從於黃河教授。後以優異的成績考入中央歌舞團。足跡遍及亞、歐眾多國家及港、澳地區。應邀赴法國、日本、新加坡、韓國、馬來西亞、泰國、印尼等國家演出，受到國家領導、專業人士與大眾的一致好評。在多年的藝術實踐中，繼承中國傳統民族器樂表現形式的基礎上，以創新理念探索現代民樂的發展之路，成果斐然。

劉峰（琵琶）

國家二級演員，畢業於中央音樂學院。曾獲得第一屆日本大阪國際民族室內樂比賽第二名，文化部頒發特殊貢獻獎，並為日本 avex 愛貝克思最大唱片公司灌錄唱片。

何青松（簫）

生於北京，青年笛簫演奏家，中國國家東方歌舞團國家一級演員，自幼跟隨笛簫大師張維良教授學習笛簫音樂。1990 年考入中國音樂學院器樂系，學習笛簫專業。1995 年獲“富利通”杯中國樂器國際獨奏大賽竹笛專業組二等獎。長年活躍在民族音樂舞臺上，隨東方歌舞團及中國民樂家小組出訪日本，俄羅斯，加拿大，澳大利亞，臺灣，香港，澳門等二十多個國家和地區，並贏得廣泛讚譽。

宋陽（小提琴）

知名小提琴家、室內樂演奏家、中提琴演奏家及音樂教育家。1999 於上海音樂學院畢業，任教於上海音樂學院附中，並於 2006 年獲得國家獎學金在俄羅斯聖彼德堡音樂學院繼續研讀深造，隨奧爾學派傳人 Kazharina 教授等大師學習。曾任上海東方小交響樂團的客座中提琴首席。歷年於中國、美國、法國、俄羅斯、德國、日本、保加利亞等國家知名音樂廳成功演出。近年來投入於音樂教育，培養了大量優秀的人才，學生活躍在世界各地的音樂舞臺上。因教育及演奏方面的傑出貢獻，曾多次獲得賀綠汀獎、唐氏教育獎、上海音樂學院附中校長獎。

張薇聰（鋼琴）

出生於上海音樂世家，三歲時隨祖父 - 上海音樂學院鋼琴系資深教授張雋偉學習鋼琴，六歲即在“上海之春”首次登臺獨奏。1987 年即與上海電影樂團合作演出莫札特 D 小調鋼琴協奏曲。1993 年赴美學習深造，先後在德克薩斯州州立大學奧斯丁分校和紐約曼哈頓音樂學院獲得鋼琴學士和碩士學位。2007 年 5 月，她獲得曼哈頓音樂學院鋼琴室內樂博士學位，成為中國第一個獲得此專業博士學位的鋼琴家，曾多次於國際音樂比賽中獲獎。曾多次在紐約卡內基音樂廳演奏並與多位國際著名音樂家合作演出，如：中提琴家今井信子，大提琴家弗朗茨－漢默森等。目前任教於上海音樂學院鋼琴系，從事室內樂教學。

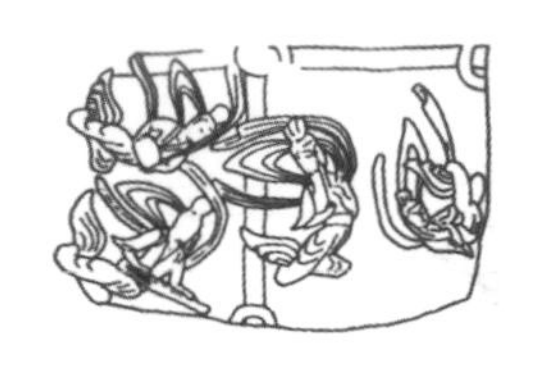

佛教的樂神－乾闥婆

乾闥婆，與緊那羅同為奉侍帝釋天而司奏雅樂之神，印度古神話則說，吠陀時代乾闥婆奉侍帝釋天之宴席，專事歌唱奏樂，又稱為：尋香神、樂神、執樂天。為佛教天龍八部眾之一。傳說其不食酒肉，唯以香氣為食。關於其外形，有各種不同說說，有說其身上多毛是半人半獸，也有說其丰姿極美。乾闥婆也是四大天王之東方持國天的眷屬，為守護東方之神，及觀音二十八部眾之一。在雲岡石窟許多窟頂都雕刻飛天舞蹈的乾闥婆。

雲岡石窟有一座著名的「音樂窟」，壁上雕刻著盛大的音樂演奏及生動奔放的舞蹈表演。被譽為「音樂窟」的第 12 窟，為公元 471-494 年期間開鑿。石窟後室的雕像分上下兩層，布局莊嚴肅穆而又隆重。上層表現佛陀的前生，為兜率天宮護明菩薩，為即將成佛的一生補處菩薩；下層則雕刻了佛陀降生人間，從身為王子到出家修道，圓滿覺悟的旅程。

在 12 窟前室北壁最上層，有天宮伎樂十四位，分別演奏吹指、齊鼓、排簫、琵琶、橫笛、琴、五弦、篳篥、箜篌、腰鼓、義嘴笛、法螺等樂器。門楣上一組舞伎群，動作連貫，氣韻奔放，舞姿鮮活。

窟頂逆髮形伎樂天，體格壯碩，具有北方少數民族性格特點。該窟內樂器雕刻的形制、演奏方式以及樂隊的組合形式，完整體現了北魏宮廷樂隊風貌與社會音樂制度，是研究中國古代音樂史的珍貴資料。置身於音樂窟內，仿佛看見北魏時期各族人民歌舞演奏的宏偉壯觀的場面！

佛教的歌神－緊那羅

緊那羅，為天龍八部之一，為歌神、音樂天。在《慧琳音義》中描寫其形貌：「男則馬首人身能歌，女則端正能舞。」並說此天之天女多與乾闥婆天為妻室。緊那羅具有美妙的音聲，有美妙音聲，能作歌舞，為天帝之執法樂神。許多大乘經典中，常可看到緊那羅名在與會大眾中。在雲岡石窟許多窟頂都雕刻飛天舞蹈的乾闥婆。

在《大樹緊那羅王經》中記載，大樹緊那羅王曾率領無數之緊那羅眾、乾闥婆眾、天眾、摩 羅伽眾等，下山詣佛所，並於佛前彈奏琉璃琴。當時，佛前大眾，除了不退轉菩薩身心安然不動之外，其餘的人及山草大地都無法自制地人喝醉般，從座起舞，舉身舞動，即使是大迦葉尊者亦然。後大樹緊那羅王唱合琴音，宣說一切音聲自虛空生，無有自性甚深法義。

雲舞

雲舞法性　幻身霓虹　能所雙寂　水月印空

月下雲岡印度舞蹈的表演，冷暖交織的舞台燈光，投照舞者曼妙的身姿，映在「阿旃塔－雲岡心經」的書法墨寶上，彷彿是月中的嫦娥在心經上舞蹈著。印度古典舞蹈 Odissi，起源於印度東部奧里薩邦，是印度古典舞占有重要地位的一個派別的舞蹈，主要來自於宗教敬神等事宜。此段「巴拉微」，主要體現了對神的尊敬。

在雲岡大佛慈目注視下，舞者在神秘的印度音樂中婀娜舞動，北魏時期印度、中華、鮮卑等多元文化薈萃於平城的盛況，宛然現前。

月下雲岡印度古典舞蹈
演出者：李芊芊

青年舞蹈家。1982 年 5 月 30 日出生於北京，自幼酷愛舞蹈。專攻印度舞表演。畢業於印度新德里 GANDHARVA MAHAVIDYALAYA。師從 Odissi 舞蹈大師 Madhavi mudgal 。目前任職於東方歌舞團，作為印度舞的編導及主演。

雲食花宴

雲宴賢心　月映空明　千年至會　聚再來人

中秋節，是一家人團聚的日子。2013 年月下雲岡的雲食花宴，以中秋團圓的氛圍呈現，離鄉的遊子最懷念的就是思念已久的家鄉味，詠涵老師與雲岡餐飲團隊攜手合作，為返鄉的親人備辦覺性雲食花宴（蔬食）。詠涵老師獨創的「味覺校正」體系，喚醒我們被過多的人工加味所遮蔽的味覺，充份感受食物的美味與營養，如同佛陀三十二種相好中的：「味中得上味相」。這場雲岡大佛前的晚宴，歡迎大家回家 -- 回到我們本自具足的清淨自性，圓滿佛陀大覺！

雲岡覺性飲食總顧問、覺性飲食體系創發人　龔詠涵

全佛體系心茶堂芳香養生研發首席顧問，台灣萬能科技大學特聘講師，紅麴甜酒釀創發人，深入甜酒釀及醋品之傳承與研發。1986 年起隨學洪啟嵩大師，以禪融入飲食及香氛芳療，願一切眾生從幸福的飲食與芳香中圓滿健康覺悟！著有：《不丹的幸福配方》，為暢銷書作家，曾接受自由時報、蘋果日報、中廣、八大電視台等諸多媒體專訪。

2013年中秋節，
詠涵寫給月下雲宴的家人們：

親愛的家人們，大家好，我是詠涵。今天是中秋節，歡迎大家回來吃團圓飯。

距離上次相聚一千多年了，我們所處的世界因為科技進步了，但是我們的身體卻因為科技而退步了。尤其是我們的嗅覺與味覺。

所以，詠涵特地以地水火風空的概念，為大家設計了月下雲宴的覺性飲食。

宇宙萬象皆是地、水、火、風、空五大元素變化組合，今天我們藉由外境五大的組合，讓我身體也產生共振重組。我們要讓這頓團圓飯不但讓您我團聚，更要讓身體與我們自己歡喜團圓！

為什麼要提倡「覺性飲食」？ 為什麼需要「味覺校正」？

在光鮮美麗的賣場上，充斥著許多欺騙我們味覺的食物，為了讓食品賣相好、保存性久，常過度使用添加劑來滿足消費者的視覺及嗅覺。

農村時代為了要讓食物容易保存，人們會將蔬菜、水果、肉品等食物醃漬保存，例如蜜餞等。但讓人不解的是，隨著科技的進步，我們的蜜餞等醃漬食品都必須添加防腐劑來保存，連可以陳年存放的陳年醋，也會發現防腐劑的蹤跡，真的是本末倒置了！

很多的市售食品必須放色素來提色，放合成香精來提味，放調整性物質加強口感，大家吃久了這些食品，味蕾早就分辨不出現在到底吃的是什麼，傳達到頭腦的也是錯誤的訊息。這些錯誤訊息會讓消化系統無法分泌正確的消化酵素。

再加上現代人追求快速，時間總是不夠用，所以常常一心要好幾用，吃飯時往往看著螢幕，很少細細的品嘗一餐飯的美味，吃東西總是隨便咬一咬就吞下去了，遇到軟一點的食物幾乎是直接用吞的，完全沒有咀嚼，食物並沒有藉由牙齒的研磨化成細小顆粒，無法充分與唾液混合，到胃中的常常是沒有經過唾液潤滑分解、顆粒粗大的硬食物。

此時的胃好辛苦啊！必須額外分泌過多的胃酸來處理這棘手的食物。但是，過多的胃酸也讓我們受不了，胃食道逆流、消化性潰瘍、胃脹氣、積食胃痛，讓我們得吃更多的胃藥、制酸劑，來壓制面臨累垮的胃。胃藥的暢銷，代表我們的消化系統真的很辛苦，胃真的非常需要我們好好的疼惜與愛護！

買好食材，吃健康飲食，或許價格較高，但並不困難。但是我們的身體真的有接收到這些好食物滋潤嗎？

胃如果不受納，吃得雖健康，一樣會造成身體的負擔，如此就真的可惜了這些食物。如何讓我們的消化系統甦醒，讓我們獲得食物的滋潤？

從「味覺校正」開始，喚醒被人工加味所遮蔽的味覺，充份受納食物的美味與營養，圓滿「覺性飲食」，也就是佛陀三十二種相好中的「味中得上味相」，從飲食三昧中實踐幸福圓滿！

雲食花宴心品

空之卷

前品　迎賓茶醋 -- 財寶甘露飲

材料：8 年陳年酒釀醋、8 年陳年酒釀露、財寶真言茶

作用：本品以暖胃茶醋作為餐前飲。茶醋幫助唾液分泌，也有暖胃效果，當肚子生起暖熱，表示胃已活絡就緒。脾胃元氣為人之本，脾胃又為水穀之海，照顧好脾胃就擁有健康的財富，先為大家暖暖胃，願大家具足世間及出世間修行上之福德資糧。

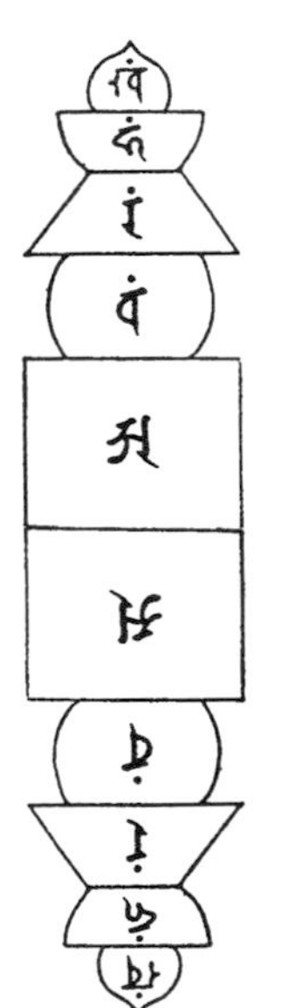

擺盤構思一象徵五大能量的五輪塔

以佛法中構成宇宙萬象之地、水、火、風、空五大元素，形成五輪塔型擺盤，五大調和，能量增長，在飲食中體悟宇宙實相。

一、地大：地的體性是堅固不動，能止住萬物，有能持萬物的作用，所以表現於形象是為方形，表示於色彩則為黃色。

二、水大：水的體性為濕潤，有攝受萬物的作用，形象表現為圓形，色彩則成為白色。

三、火大：火的體性是軟性，有成熟萬物的作用，以三角形為象，以赤色來表色。

四、風大：風的體性為動性，有長養萬物之作用，以半月形（不動的方和動的圓而交成的形）表其形象，以黑色（不變而能含容一切色）為其色彩。

五、空大：空的體性無礙，能包容一切，有不障之作用，以方圓不二的團形（或稱寶珠形）而表形，以青色為色彩。

第一品：花開見佛波羅蜜

材料：低溫風乾波羅果乾（鳳梨），新鮮玫瑰花瓣

作用：本品能開啟胃口，鳳梨的甜味轉化了玫瑰的苦澀味，玫瑰的香氣襯出了鳳梨的蜜果香，甜而不膩、香而不艷，讓胃開始分泌胃液，準備迎接食物的到來。

第二品： 借花獻佛桂花捲

材料：將傳統的山西麵食花捲調入桂花成為名符其實的花捲

作用： 味蕾甦醒潤腸胃。桂花可止咳、化痰、生津、健腸、暖胃、除胃脹，八月桂花香，農曆八月古稱桂月，桂樹又有月中仙樹之稱。藉由放鬆地咀嚼，讓唾液與麵食完全的融合，直到吃出甜味，柔和的食物，胃會欣喜接受，當胃開啟受納功能自然不會積食而消化不良。

第三品：苦蕎百花飲（圖 05 ）

材料：在地苦蕎茶加上百種花茶特調而成（牡丹、玫瑰、茉莉、桂花、菊花、百合、桃花、合歡、雪蓮、蓮花等）。

作用：味覺校正。苦蕎有降三高、健胃寬腸、消積食，在德國有「東方神草」之美譽。運用天然植物之屬性讓味蕾做原味校正，植物香氣由鼻腔上昇讓腦中產生腦啡，使用餐充滿著幸福愉悅！

風之卷　天女散妙香

材料：天香花清炒陽高圓白菜

作用：綠色蔬菜對腸胃有如清風輕拂，能讓腸胃更順暢。

摘麻花又名天香花，生長於晉北地區向陽坡地，必須當年有雨才會開花結籽。因為野生所以天然稀有。用油爆香後味道奇香，讓人食慾大開，是上等調味品。

火之卷　十全五彩羅漢齋

材料：十種山西當地特色食材，包含：葉菜、花卉、根莖、菇菌及豆類，而食材本身的顏色也配合五行五色：青：西芹、花椰菜，黃：大同黃花、玉米筍，赤：紅蘿蔔，白：白菇、杏苞菇、廣靈豆干絲，黑：木耳、香菇。歷代佛門設素席必備「羅漢齋」，相傳若誠心味美，將感得羅漢聖者來應供。此道羅漢齋供養大眾，願大眾早成聖果！

06 詠涵老師指導雲岡餐飲團隊備辦雲食花宴 。 07 雲岡餐飲團隊代表劉應章主任

水之卷　南海金蓮

材料：蓮花、豆腐丸子、腐皮捲、銀耳、衡山北芪、紅棗、菇類、紅蘿蔔

作用：以阿彌陀佛真言能量管投入雲岡寒泉，養出八功德淨水，加入上述材料烹煮成藥膳，甘露法水燉心蓮，飲之清淨，心歡喜，殊勝法味斷煩惱。

地之卷　禮讚地踊菩薩

地踊菩薩，出自《法華經》卷五 < 從地踊出品 >。佛陀宣說法華經時，曾言從地踊出菩薩，於佛陀入滅後，能護持、讀誦、廣說此經。「佛說是時，娑婆世界三千大千國土地皆震裂，而於其中，有無量千萬億菩薩摩訶薩同時踊出。是諸菩薩，身皆金色，三十二相，無量光明。」願地踊菩薩的加持，透過大地食物的能量，永遠守護大家！

第一品：淨琉璃素花餃（圖 02 ）

以當地食材豆干絲、地皮菜、粉絲、紅蘿蔔為餡料，用野薑花調味，用藍色蝶豆花將水餃皮染成寶藍色，象徵藥師佛琉璃光身，守護大家健康長壽。

第二品：金色窣堵婆（圖 01 ）

山西是麵食之鄉，麵食材料來自各種不同的穀物。大地孕育穀物，人體代表中土的脾胃也靠著穀物精華讓我們茁壯。此品山西窩窩頭，為飯後甜點。由於外型酷似迷你佛塔，因此雲岡石窟研究院張焯院長「睹物思佛」，取名為「金色窣堵婆」，（窣堵婆 Stupa，意為佛塔），即「金色佛塔」之意。以此品做為覺性飲食的句點，象徵大家享用之後圓滿成佛！

入法界品 福貴花茶（圖 04 ）

以《華嚴經》< 入法界品 >，象徵真空出妙有，世出世間廣大圓滿，福貴綿延。

材料： 牡丹、桂花、玫瑰花

茶點：吉早成佛—大同沙棘、壺瓶大棗、柳橙片、佛手柑蜜餞

雲餅

雲餅供佛　空食寂清

大妙用哉　悟者自得

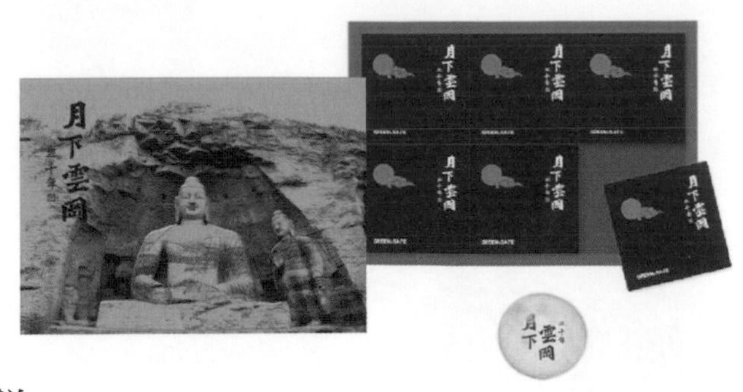

綠豆椪月餅

月下雲岡盛會欣逢中秋佳節，永豐餘生技精心恭製台灣綠豆椪，採有機安心食材，不含任何人工香料與防腐劑，更遵循古早味製程，透過三十多年傳統糕餅店老師傅製餅好手藝，重現台灣傳統在地好滋味，融入雲岡豐厚的文化底蘊，呈現雲岡在多元文化交融所呈現的新風貌。餅身印上洪老師所題魏碑體「月下雲岡三千年」，成為雲岡史上首批紀念月餅！

監製：何奕佳 永豐餘生技總經理

1976 年生，美國布朗大學政治系學士，2002 年因父親何壽川到大陸拓展有機農場生技版圖，2005 年掌管永豐餘兩岸生技事業。她期許自己成為現代人的有機生活管家，搜羅世界各地的優良的食材，也持續關注各地傳統文化的保存與延續。座右銘：做自己想做的事，並且把它做好！

大月光餅

在山西的傳統中，中秋節家家戶戶都要準備一個月光餅供月爺，在月前焚香祝禱許願，供完後一家人分食，象徵闔家團圓平安（一般此餅只與家人分食，不會和外人共享）。

本次月下雲岡盛會，特請大同四十年老字號青松糕點廠，恭製直徑 1.1 米的大月光餅一個，及直徑 0.6 米的小月光餅四個，以五個月光餅供於佛前，意為供養五方佛。並以洪老師所題魏碑體「月下雲岡三千年」製模壓印於餅身。1.1 米的大月光餅為大同首見之大月餅，餅廠抬餅的老伯們歡喜的說，「在大同從沒看過這麼大的月餅」月光餅供佛之後，由雲岡石窟研究院張焯院長與洪啟嵩老師合力切開，於活動圓滿，與會嘉賓分食，象徵於法性中團圓，雲岡諸佛護佑！

空華佛事　草木成佛
雲劇演空　開悟覺性

國際京劇名家魏海敏女士，於雲岡大佛前，演出「月下雲岡 • 天女散覺華」，由洪啟嵩老師為「天女散華」造新詞，全劇分四幕場景。

第一幕，維摩丈室的天女，來到 3453 年的雲岡，於中秋夜赴賢者心宴，「一念了了，喜會三千年，古來中秋鏡，一樣新。」

第二幕，時空回到 453 年雲岡石窟開鑿之時，「現出神山玄妙境，劈開法界女媧石」，入佛窟，悟禪明，佛法從西天傳入東土，大法湧動，喜悟眾生。與會大眾，都是在當時約好千年後再會：「賢者心宴，千年相約當會時」。而不變的約定，則是：「莫忘人間願淨土，娑婆和平自在人」，在生生世世的生命旅程中，莫忘共成人間淨土的約定，從自身的覺悟，於內成就自在的生命，於外促進地球和平，圓成光明淨土。

第三幕，時空回到西元前五百多年前，天女的來處—印度維摩詰居士的丈室，也就是佛典中著名公案「天女散華」的出處。描寫天女以散華的巧妙手段，點破大眾「心有真俗分」的執著，而後隨侍維摩詰居士來到雲岡度化眾生。

第四幕，西元 2013 年，當前的月下雲岡晚宴，顯現的是眾生全佛、幸福喜樂的景象：「這廂是法界毘盧遮那，那廂是未來佛彌勒尊，多寶如來釋迦佛雙雙對坐，歡喜談天，教那眾生全成了佛。」不但寫了雲岡石窟的境，也描繪了與會大眾全佛的願景。諸佛的歡喜談天，在語默動靜中：「慈悲喜捨，處處顯現。」千年的賢者之約：「黃金新世紀，相約總在人間成。」

國際京劇名伶魏海敏女士轉折動人的吟唱下，將洪老師寄語於智慧犀利的天女菩薩，隨著維摩詰居士，穿越時空度化眾生的悲願，詮釋得淋漓盡致。短短的四幕劇，從未來人間幸福之境，回到北魏佛法東傳的盛況，雲岡石窟開鑿之際的宏偉氣勢，再回溯公元前五百年，天女在維摩詰丈室度化眾人的無相妙手段，來到眼前 2013 年的月下雲宴，在短短的四幕詞中，洪老師以時空交錯的夢幻筆法，以境寫心，

上圖：月下雲岡魏海敏演出劇照
下圖：魏海敏女士與洪老師於台北心茶堂研究「天女散華」新詞的唱唸方式。

天女散華

癸巳地球禪者 洪啟嵩造

第三幕
公元前五〇〇年
維摩居－印度毘耶離國
維摩詰方丈室內

步雲清空　青勝藍　毘耶國　武周山
妙意淨土法性身　娑婆世界無垢稱
不可思議方丈室中　普現不二門
維摩一默聲如雷　言語道斷　非去來今
阿羅漢　三昧醉　心有真俗分　散華正合身
衆菩薩　超彼聲色外　眼處聞聲早得悟明
眾香佛國來　法身大士　無相現天女　妙手段
輔那維摩詰　相隨到雲岡
直到眾生成佛了　誓願乃成

第四幕
公元二〇一三年
二〇一三年的月下雲宴，
竟也是在四五三年，雲岡
開鑿那一年，
衆賢者就已相約再來。

蟾圓古時秋　寒泉心月印　空流淨霞　澄江含玉映法界
這廂是清淨毘盧遮那　那廂是未來佛彌勒尊
多寶如來釋迦佛雙雙對坐　歡喜談天
教那衆生全成了佛
慈悲喜捨　處處顯現　正是法性妙傳心
黃金新世紀　相約總在人間成

第一幕
公元三四五三年

雲岡花月　善人如雲集　賢者同宴心
天樂淨鳴空　散華普圓衆生憙
合十禮佛誠　蓮步輕影下覺岩
一念了了　憙會三千年　古來中秋鏡　一樣新
清空玉蟾懸銀盤　普明一切境
古桂含清露　吐出妙香馨
點那劫波若恆沙　踏浪吟頌偈来
彈指輕看多少寒暑　詠詩運時輪
青春依舊少年佛　更望現前人
福起世間　相續覺衆生

第二幕
公元四五三年
雲岡石窟開鑿之年

現出神山玄妙境　劈開法界女媧石
開佛窟入禪悟明　清淨體圓澄
憙迎佛會　西天來　東土成
一華一世界　一葉一如來
輕扶晚霞托落日　一心平擂夕陽鼓　輕勾吉祥合淨曲
拈起彩虹細明絲　織作霓裳羽衣
袖雲捲　衆清芳　賢者心宴　千年相約當會時
莫忘人間願淨土　娑婆和平自在人

演出者： 國際京劇名家 魏海敏

嗓音溫潤甜美的京伶之后魏海敏，師承梅蘭芳之子梅葆玖，擅長刻劃與演繹京劇角色，所扮演的舞台人物，跨越流派，穿梭古今，備受全球各地京迷與表演藝術界的肯定。
擁有精緻身段與迷人唱腔，魏海敏獨特的表演靈魂不僅專擅古典劇目，她所主演的「當代傳奇劇場」《慾望城國・樓蘭女・奧瑞斯提亞》(1986-1993-1995)、「國光劇團」《王熙鳳大鬧寧國府・金鎖記・孟小冬・豔后和她的小丑們・水袖與胭脂》(2003-2006-2010-2012-2013)、《歐蘭朵》（2009）等新編作品中，或雍容華貴，或強悍跋扈，或滄桑悽楚的人物特質，在她舉手投足的精雕細琢、大闔大放的精確與傳神的演繹中，每每淋漓盡致地散放旦角藝術最高難度的詩心與藝魄，讓人驚艷與難忘。
舞台成就耀眼的她，接連榮獲「中華文化人物」(2010) 、「金曲獎」(2008) 、「國家文藝獎」(2007)、「白玉蘭獎」(2004)、「梅花獎」(1996)、「世界十大傑出青年獎」(1996)、「亞洲最傑出藝人獎」(1993) 等不凡光環的極高肯定。目前是國光劇團、當代傳奇劇場的靈魂人物，也是魏海敏京劇藝術文教基金會負責人，同時任教於台北藝術大學，對於推廣傳統戲曲美學與藝術，堅定執著，永續不斷！

將雲岡石窟、佛法的悲心與妙義，透過劇場的手法及魏海敏老師的精湛詮釋，上演一幕撼動人心的般若大戲！

事實上，民國初年，京劇界曾意圖引用佛教素材進入劇本，當時《天女散華》與民初時裝京劇《摩登伽女》同為著名的戲碼之一。只可惜往昔以佛教題材入劇曲者，對佛法並無深入了解，多止於儒家忠孝節義，或落於道德勸世的因果報應，無法表達出佛法深入解脫的義理。

佛法大家洪啟嵩老師，與國際京劇名伶魏海敏女士攜手合作，在雲岡大佛前，開啟了歷史嶄新的一頁。魏女士希望洪老師將《法華經》中豐富的譬喻寫成劇本，洪老師欣然題下《法華記》，一場動人的音聲佛法革命，正在進行。

下雲
三千年

雲茶心水　寒泉泠清
飲之靈暢　坐悟騰騰

回到茶的原心

摘自《喝茶解禪》• 洪啟嵩 著

茶的文化，在人類文明的進程中，可以說是一個偶然又必然的美妙邂逅。

相傳飲茶最早始於神農氏嘗百草，一日而遇七十毒，得茶以解之。茶從最初做為一種解毒的藥物，到後來成為解渴飲料，進而發展成為與我們心靈相應的飲品，這種演進，事實上也記載了人類心靈昇華的歷程。

茶的靈性，深刻地體現了大地的體性，也反應出所生長時空環境的特質。在我所喝過的茶之中，最令人難忘的，是台灣八七水災之後所採的茶，在茶味中涵含了那麼深的滄桑和苦難。透過茶的心，我們體會了大地的心，也體會了大地的性靈，昇華了人類的心。

茶對養生的助益，很早就被發現了。在《神農食經》中記載著：「茶茗久服，令人有力悅志」，自古以來，無論是在心性的修鍊上，或是生活上有深刻的歷練者，都深刻體會到茶這種不可思議的特性。因此，古代山林的仙人、處士，都善於將茶運用於身心養生與心靈提昇。

除了解渴、養生，茶與人類心靈更有著深刻的交會，茶品與人品相應，而開展出「人品即茶品，茶品即人品」的特殊文化，以茶來昇華人類自己的身心品格、精神與修養，並展現自身的純粹心靈境界，讓茶超越了原有物質體性，而進入了我們心靈的領域。

禪宗更是將茶美好的特性，運用得淋漓盡致，從日常飲茶養生、提神，作為精進坐禪修道的良方，到最後將心與茶完全相融相會，將茶會入禪宗修證體系，以禪來展現茶的極致，展現最圓滿的生命境界。這些在在都讓茶超越了原先物性的原始意含，成為幫助修行人悟道，助人類文化朝向圓滿的靈性飲品。

下圖攝影者：比利國寶 Musée du Cinquantenaire（2004 威尼斯建築雙年展金獅獎得主）

茶與禪的相會，不只在中國創造出如此偉大的文化，也進而影響了日本，發展出完整的茶道。現在大家談到茶道，多以日本為代表，但有時對於泡茶禮則儀軌的重視更甚於心，這是非常可惜的。

我們深入思惟「茶道」的真義。所謂道者，心也，有道者，必然有禮，但「茶道」，不只是「茶禮」而已，不只是一種外在形式的展現，茶禮不能取代茶道與茶。茶，在這個時代，應該更多元，更廣大，更深入。

因此，我提出「心茶瑜伽」的觀點。「瑜伽」是相應的意思，心茶瑜伽是指在喝茶的靜境中，透過茶與心的交融、應和，以此來達到心茶合一的覺明禪境。從泡茶、喫茶的過程中，回觀自心、六根與茶的相應，回到心和茶的交融相應，身心舒暢，意識清明，心與茶完全統一和諧了。

我們的心和宇宙，透過茶這個美妙的媒介，不再有距離。心和茶，如同兩面清亮的明鏡，相互映照，幻化出無比美麗的世界。

回到茶最初的原心，我以「茶者，心之水，飲之暢靈」來表達心茶的意境。茶是心之水，只有將茶與心，完全相合相應在一起，這時，才能回到禪者喝茶的本位，就像當初趙州禪師「喫茶去」的公案，一個禪師以悟境與茶完全相應的精神。

如果能體悟茶的原心，這樣，才能打破外在形式的藩籬，讓茶呈現自心的面貌，在這個時代中重新發光發熱。

茶，是我 24 小時最貼心的好朋友，也是照顧我身體最佳的護士。每天早上醒來，我的床頭總有一杯茶靜靜地等候著，為我開啟美好的一天。

當我們將身心完全放鬆，讓甘洌的茶水，順著舌根滑入喉中，那種滿足而寂靜的感覺，就像茶水順著心脈，將心靈也撫得平順了。

朋友來訪時，茶就成了我們和朋友歡喜聚會的媒介，大家在一起，歡歡喜喜，自自在在。有人來了，心情不好，喫茶去；有人來了，心情好，喫茶去；有人來了，沒事，喫茶去。泡茶的主人，喫茶的賓客，一切平平等等，圓圓滿滿。

祈願透過這本書，幫助大家綜覽人類歷史和茶文化交織出的美麗風貌，進而以心茶相應的「心茶瑜伽」，引領大家回歸茶的原心，用放鬆清明的心，體會茶心一如的妙境。

讓茶為我們撫平生命的煩憂，增長歡喜，讓每一顆心的美好自在，相互交映，展現出人間最美的光明！

月下雲岡三千年茶席：千歲百衲茶

「百衲茶」由地球禪者洪啟嵩老師所創發。「百衲茶」源於僧眾所著之「百衲衣」，為福田之意。「百衲茶」普納各種茶，泡出的是平等無別的一味。

洪老師以禪入茶，在茶道領域著述有：《喝茶解禪》、《飲一杯心茶》。曾主辦台灣第一場茶宴，2008 年印度朝聖行程圓滿前夕，於印度阿格拉創發「百衲茶」供養大眾。2012 年，於南玥美術館開幕茶會，進而創發出「千歲百衲茶」，以茶齡逾千歲之台灣老茶為大眾普茶。本次月下雲岡盛會，由上海博茶堂與臺北心茶堂攜手合作，總集六大茶系及台灣老茶，以總茶齡逾三千歲之「千歲百衲茶」，輔以雲岡寒泉調製之「黃金太極水」煎煮，供養大眾，願眾飲之長壽，共創人間下一個黃金千年！

上圖　盛水之器為佛陀成道地菩提伽耶佛鉢。

中圖　大同出土之北魏瓶。

下圖　月下雲岡千歲百衲茶內加有 2500 年前佛陀所食用化石米粉末。

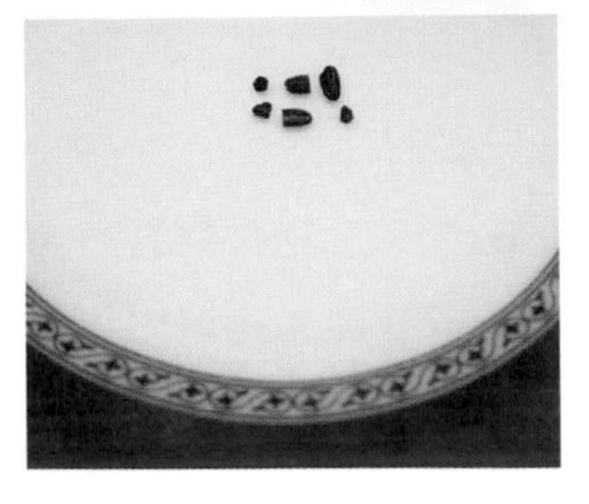

上海博茶堂創辦人　茶心

茶心，本名詹坤穎，號紀緣，生於臺灣高雄，現居上海。年二十即師從地球禪者洪啟嵩先生參禪習道，同年亦習行茶法於多方，並在洪師指導下，於行茶法，多有體悟，至今近三十年。洪師早年曾舉辦臺灣第一場茶宴，及諸多重要學術研討會議，茶心隨伺，擔任茶司，奉茶於多方耆老。於 2003 年遷居上海，2005 年於上海創辦博茶堂，現任上海博茶堂，上海素林文化，上海睿華山房，嵩和山房，濟南松林茶家，松莆堂等機構之茶文化總顧問。

心茶堂　總經理　吳霈媜

台灣文化大學美術系畢業，曾旅居法國深造藝術。1995 年返台隨從洪啟嵩老師學習禪法及心茶瑜伽。2010 年起主持心茶瑜伽品茶會，2012 年創發小茶師課程，將禪法運用於兒童茶道教育，自然養成灑掃應對進退之道，並透過茶席佈置增長兒童美育。

雲岡寒泉「黃金太極水」　調製者　龔詠涵

本品所取水源為雲岡寒泉之水，其水質清澈，常年不凍，味甘甜美，在當地素有「佛地聖水」之稱。內含有多種人體所需之微量元素，當地老中醫多以此水為人煎藥治病。「黃金太極水」，取寒泉之水與端午節到大暑期間曝曬 41 日之午時純陽活水，加入食用級金箔，精心調製而成，陰陽相生能量不可思議！

千歲百衲茶 茶譜

普洱老茶（黑茶）

1890 珍藏百年老茶 茶齡 120
1920 年代野生大葉散茶 茶齡 93
1930 年代千兩茶 茶齡 83
1930 年易武珍藏老茶 茶齡 83
1935 年宋聘號珍藏老茶 茶齡 78
1940 年代竹筒女兒茶 茶齡 73
1940 年代宮廷普洱散茶 茶齡 73
1946 年同興老散茶 茶齡 66
1950 年代紅印餅 茶齡 63
1950 年代龍騰金珠 茶齡 63
1952 年福華號珍藏老茶 茶齡 61
1958 年"萬"字散茶 茶齡 54
1960 年代景谷文革磚 茶齡 53
1960 年代餅打散茶 茶齡 53
1960 年代宮廷普洱生茶 茶齡 53
1960 年代無紙文革磚 茶齡 53
1960 年代雪印青餅 茶齡 53
1960 年代源珍青餅茶 茶齡 53
1963 年老餅 茶齡 50
1968 年珍藏老餅 茶齡 45
1970 年代初老班章（龍柱） 茶齡 43
1970 年代初期老珍餅 茶齡 43
70 年代下關參香磚 茶齡 43
1970 年代萬字散 茶齡 43
1970 年代珍藏下關沱 茶齡 43
1972 年老春尖 茶齡 41
1973 年珍藏文革厚磚 茶齡 40
1980 年代元期藍天餅 茶齡 33
1980 年代野生參香大葉散茶 茶齡 33
1980 年代陳皮餅茶 茶齡 33
80 年代珍藏猛海大沱 茶齡 33
1980 年代綠內飛 7581 磚 茶齡 33
1980 年代下關熟沱 茶齡 33
1980 年代年鴻泰昌生餅 茶齡 33
1980 年代鳳凰小沱 茶齡 33
1981 年下關大青沱 茶齡 32
1981 年沱茶 茶齡 32
1981 年春尖 茶齡 32
1986 春尖散茶 茶齡 27
1992 年春尖散茶 茶齡 21
2002 年舊大葉 茶齡 11

共計 2038 歲

台灣老茶

1700 絕版老茶 茶齡 314
1742 珍藏老茶 茶齡 271
1912 年珍藏老茶 茶齡 101
1934 年黃柑種茶 茶齡 79
日據時代台灣老茶 茶齡 70
1940 年代台灣紅茶 茶齡 71
1950 年代老蒔茶 茶齡 61
1960 年代清心大冇茶 茶齡 51
1970 年代初老蒔茶 茶齡 41
1970 年末南港包種茶 茶齡 41
1980 年代沉香烏龍茶 茶齡 31
1980 年代武夷茶 茶齡 31
1987 年陳年包種茶 茶齡 26
1990 年清境部落茶 茶齡 23
1990 年代梅香烏龍茶 茶齡 25
2000 年鹿谷烏龍茶 茶齡 13

共計 1249 歲
總計 3287 歲

綠茶

西湖龍井
洞庭山碧螺春
雲居寺禪茶
安徽池州霧裡青茶
廣西毛尖
萬壽禪寺徑山禪茶

黃茶

霍山黃芽

白茶

雲南三百年古樹月光白茶
特級安吉白茶

青茶（烏龍茶）

福建武夷山大紅袍
武夷山鐵觀音

紅茶

尼泊爾伊拉姆紅茶
印度馬薩拉阿薩姆紅茶
印度大吉嶺紅茶
祁門紅茶
池州富硒紅茶
純阿薩姆茶

台灣茶

翠巒茶
翠峰茶
杉林溪茶
凍頂烏龍茶
貴妃紅茶
阿里山紅茶
坪林包種紅茶
冬片

雲岡第二窟（寒泉洞）

西元 471-494 年

在雲岡石窟群最東端有一組雙窟，是為第 1、2 窟，一走近便聽得內有潺潺流水之聲，循聲走進，即見第 2 窟北壁西側有一股清泉流出。因此在全真教入主雲岡石窟時，即於此題刻「山水有清音」。

石窟內三級方塔居中，塔面上刻出瓦筒、簷椽、斗拱等仿木建築構件，上層四角鏤刻八角柱。窟內四壁分層分段佈局，最上層雕刻天宮伎樂列龕，下面依次為鋸齒紋垂幔帶、禪定坐佛帶、大型列龕、長卷式浮雕故事，最下層為供養人列像。北壁主像為釋迦坐佛，風化嚴重。此窟地下有泉水湧出，舊名「寒泉洞」。

雲香法海　諸佛聞喜
吉祥天瀑　密覺明心

沉木香山供養

本次月下雲岡盛會，洪老師特以珍藏數十年的沉木香山，於佛前燃點，供養雲岡五萬一千佛，也供養與會的一切未來佛，願諸佛聞喜，開覺有情！「爐香乍熱，法界蒙薰」，珍奇昂貴的沈木香山供養之際，現場香煙裊裊，沁人的馨香陣陣入鼻，雲岡大佛彷彿也欣然微笑受用供養。

在各種香料中，沉香自古以來即是香中之極品。

一般所指的沈，是指沈樹產生病變，使樹脂瘤經由吸收沼澤中的水土精華而結成。沈香木剛開始時還不能稱為沈，必須埋藏在沼澤之中，經由浸蝕，木頭開始腐朽，經過很長的一段時間，木質部分因腐朽而去除，只剩下樹脂瘤，才叫做「沈」。

沈可以說是近乎化石狀況的一種東西，是吸收了整個大地的精華所產生的。其實它並不屬於原有樹木部分，而是這種樹種的病變部分所產生的新物質。沈的採集，十分危險，必須經過原始森林，穿越山崖而採集，大多要冒生命的危險才能採到。因此沈自然十分珍貴價昂，也成了拍賣市場的新寵兒，甚至有「一寸沉香一寸金」的說法。

歷史上的沈香

中國歷史上對香最早的記載，是漢武帝時，奢廣尚書郎奏事有含蛋舌香的記載，此時才開始有從夷國貢獻種種香品到中國來。

當時，使用不同的香，也代表著不同的身份階級，如在《封禪記》中記載：「黃帝始，百辟群臣受德教者，皆列珪玉於蘭蒲席上，燃沈榆之香，舂雜寶為屑，以沈榆之膠，和之為泥以塗地，分別卑尊華戎之位也。」

到了漢代，更有以香淨化空氣，消除瘟疫的記載。在漢武帝時有一個「西國獻香」的傳說：「漢武帝時，弱水西國，有人乘毛車以渡弱水，來獻香者……」，當時武帝並不認為香有特別之處，未加重視使用，後來因為長安發生大瘟疫，西國使者取其香點燃之，才使得疫氣消除，眾病痊癒。《香譜》中記載：隋煬帝每至除夜，殿前諸院設火山數十車，沉水香每一山焚沉香數車，以甲煎沃之，焰起數丈，香聞數十里。一夜之中用沉香二百餘乘，甲煎二百余石。書中也記載唐代豪貴在居宅中使用沉香和紅粉以泥壁，稱為「沉香泥壁」，一開門則香氣蓬勃，此等奢華，連太平公主看了都自歎弗如！

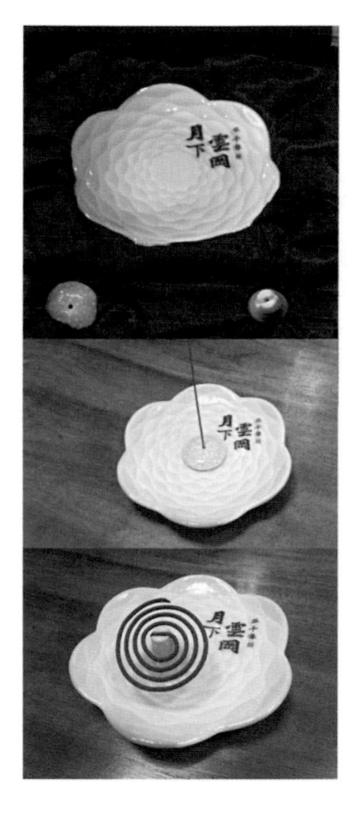

月下雲岡三千年紀念香器－
山茶花環香盤

月下雲岡三千年紀念香器，特選台灣鶯歌陶瓷名家葉敏祥先生之作品，作為香器，上題洪啟嵩老師所書之新魏碑體「月下雲岡三千年」墨寶。以山茶花的作為盤紋主題，運用青瓷的雨過天青色澤，燒製出深淺的層次效果，透過青瓷的天青色，可以襯托出線香的沉穩。香器盤身的別緻花紋，由中心擴向外，仿如月之華暈，在月下品香喝茶，更發思古之悠情，中心輔以專利磁吸鐵香器，可放置線香與盤香，輕易拆洗，以創意為生活增添幸福的色彩。

佛法中的香

珍貴的沉香，更成了供佛的珍品。佛陀將我們生活中這種美好的經驗，重新詮釋，使香超越了原始的意義，而用香來象徵修行者持戒清淨的戒德之香，乃至聖者具足解脫、智慧的五分法身，可以說是解脫者心靈的芬芳。

在《佛說戒德香經》中，佛陀就以香來比喻持戒之香，不受順、逆風的影響，能普熏十方。在《六祖壇經》中，也以香來比喻聖者的五分法身，即戒、定、慧、解脫、解脫知見。甚至如同香嚴童子，以香悟道：「我時辭佛宴晦清齋，見諸比丘燒沈水香，香氣寂然來入鼻中，我觀此氣非木、非空、非煙、非火，去無所著來無所從，由是意銷發明無漏。」（《楞嚴經》卷五）

傳承與創新－新魏碑運動之開啟

地球禪者 洪啟嵩

「合、新、普、覺」，是魏碑的核心精神。

「合」：是指其發生於世界文化融會之際，以開放為精神，融攝中華、印度、鮮卑與各種原形文化，成為新的文化典範。「新」：是指其創新與自由在隸、楷交會之際，開創出新的文化與新的文明載體。「普」：是指其將廟堂文化轉成普世的文化流傳，讓中華人文得以普傳。「覺」：以魏碑為載體，佛法的覺性，深化融入了中華文化，開出新的覺性時代。

在邁入地球時代的前地球時代中，期望新魏碑的運動，能成為開出地球新的「合、新、普、覺」的載體，創發更豐富圓滿的地球文化！

左圖　洪老師於月下雲岡晚宴，雙手同時運筆寫下佛字，義賣捐贈雲岡，守護大佛。

右圖　洪老師現場揮毫寫下當晚的情境：

石破天驚佛影現　雲顯岡現禪窟成
賢者宴心金蛇動　天下大同普覺圓

新魏碑賦

以筆為刀　以紙為石　金石相銘　妙成紀心
意在筆先　炁化書後　神明達通　覺心現前
形為心使　澹清境寂　如天嬌虹　雲鳴欣通
燦然現身　幻影無跡　奇宕密絕　驚世駭空
暗石藏虎　盤根臥龍　石裂文錦　絲衍藤苗
苔衣相惜　淨月冥照　萬古風流　軌奇則妙
崖崩石鉅　雷走驚湍　斜陽倚洞　丹霞伏光
寒岩舞靈　元壁生孔　玲瓏吹玉　雲袂嵐雰
清嘯猿共　嵯峨蓮峰　淨心空明　悟無所得
合融時代　地球開新　普世傳化　悟眾覺成
無心恰恰　寂寂惺惺　一片天然　境了智圓
無事正好　拈筆會心　豁然忘言　春秋冬夏

癸巳喜吉　地球禪者　洪啟嵩　合十

雲岡千年傳心策

洪啟嵩老師以魏碑親書 2013 年月下雲岡記，及所有與會貴賓的姓名，以所恭繪之佛像置於其中，製成捲軸，展開如宋代明畫＜大理梵像卷＞。此策贈予每一位參加的貴賓，相約千年後，共銘此願：天下大同，人間幸福，地球和平！

勒石雲岡

第八篇

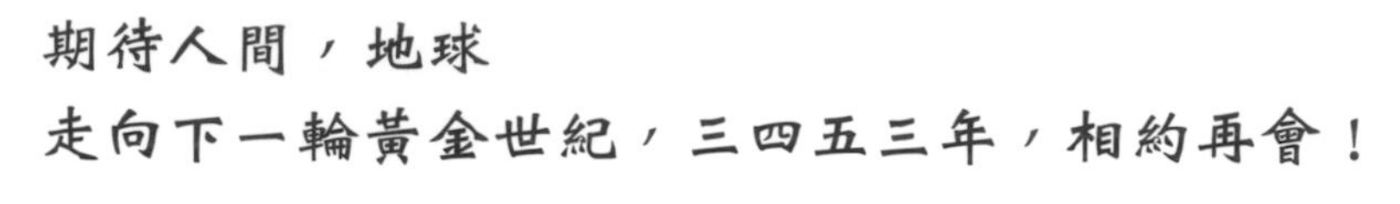

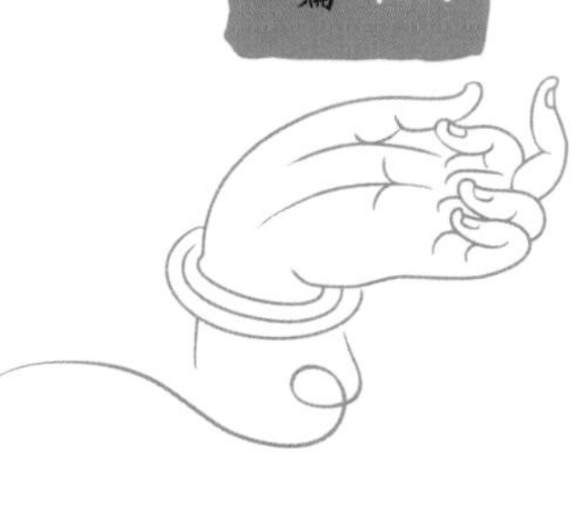

月下雲岡記

金蛇動靈，賢者宴心，喜千年至會，同觀滿目銀輪，秋夜暢空同語究境。月從西竺引路成絲，悟萬里外禪，以東王公名，劈女媧天石，乾坤其慧，托法界玄外，敲金剛光鍊應成絕響，樂開鉅佛禪窟，深會如來千年約成。

故悅其詞曰：

輕啐銀盤凌霄漢，夜宴雲岡賢者心，五萬如來千年會，天下大同覺眾生。

乃共銘其心：

張焯　洪啟嵩　Lyonpo Kinzang Dorji　Aum Pema Doma.　龔玲慧　何壽川　張杏如　張婉如　陳宏碩　陳青　戴一義　戴郭珍芳　陳仕信　林芳玲　陳彥光

李琳　李長庚　趙慧芬　何俊輝　黃敏助　許復進　林寶霞　游明謙　林進寶　陳淑媛　林政道　黃培根　胡正大　沈文敏　葛均

郭中娟　楊聯智　楊麗娟　黃國俊　魏海敏　何經泰　范可欽　陳瑄婕　張韶芹　李漢章　高景雲　趙國鈞　岳伶璇　許嫺嫺　王為訓

林惠玲　張愛珍　許必靈　黃湘詅　葉敏鈴　楊錦瑩　林淑鈴　魏賢政　陳怡樺　陳俊銘　蕭婉甄　吳霈媜　龔詠涵　蔡依慈　張育甄

許諺賓　黃成業　臧麗雲　黃逸蓁　黃聿庭　堯月慧　李郁琪　李郁鈴　李郁玠　黃菊薌　江嘉文　孙焱　余龙文　张林先　张永红

李英　李盈莹　刘立東　王昆仑　梁庆贺　连志东　刘振华　刘永瑞　张建功　耿鹏　任继海　潘得龙　谢惠　唐歌　王春淮

邹如飞　王思涵　孙宏宇　贾广涛　闫光明　孙健　蒋雪柔　陈虎　商文光　华钢　郭益清　沈元慧　高琴媛　邓惠钿　黄乾平

王存宝　黄宣钱　王舒军　王斌　戴国锋　周洁　詹坤穎　劉若蓁　孙韵　张薇聪　宋阳　赵霞　刘峰　李芊芊　何青松

邱风玲　袁青贤　盛青　林波　彭筱军　李琳　李海水　蒋凤银　谢海翔　王宁　吕林　陈春珍　刘海翔　许毅文　向才华

苑茵　范晓微　王迪

合掌深心祈：天下大同，人間幸福，地球和平。

歲在癸巳，中秋月吉，諸佛喜時，雲窟妙成二十六甲子

地球禪者　洪啟嵩　銘心為紀，二零一三

跋

做一場宇宙的大夢

「月下雲岡三千年」活動，從 2013 年六月開始籌備，到九月圓滿落幕，短短的三個月，在洪啟嵩老師的指導下，大家一起通力合作，完成了不可能的任務，歷史寫下。

記得六月中第一次到雲岡實地場勘，張院長指著一幅畫，那是依史書記載所繪出雲岡石窟開鑿時，曇曜五窟落成之時的盛況。忽然有人說道：「這不就是月下雲岡三千年嗎？」於是，大家開始尋找自己在 453 年畫中的歷史影像。

當越來越多人一起做這個夢，這個夢就越來越真實。於是，洪老師拈起空之筆，在如幻的時空中，虛擬出 3453 年、453 年、公元前 500 年，與 2013 年的座標，從幸福喜樂的未來世界，回到雲岡開鑿之際，回到佛陀與維摩詰的時代，再回到 21 世紀，當我們走進雲岡五萬一千佛的壇城之際，同時也走入了我們自心諸佛的殿堂，開啟了過去、現在、未來三世的幸福覺性旅程，一起參與了這場宇宙的大夢。

2013 年的中秋，我們共渡一個穿越時空的美麗晚宴，讓我們相約千年後，大家此地再重逢！

在此無窮的生命旅程中，
願以無盡的生命，度三世眾生；
願以千百億化身，度十方眾生；
願所在的一切地，皆成淨土。

覺性地球協會會長 龔玲慧

附錄 覺性生活

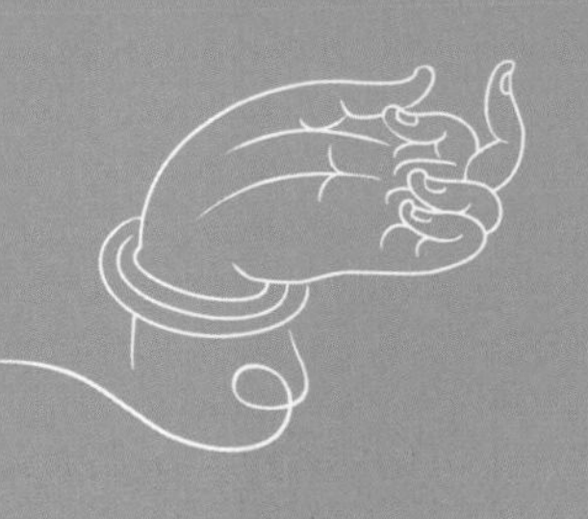

眼

雲劇－國際京劇名家魏海敏演出 • 洪啟嵩老師作詞－

雲舞－印度古典舞蹈

意

書籍

耳

雲樂－國樂

琴獨奏、雙

法 CD、肝臟

紀念版）

身

月下雲岡種字帽（釋迦牟尼佛種字）

月下雲岡三千年紀念絲巾

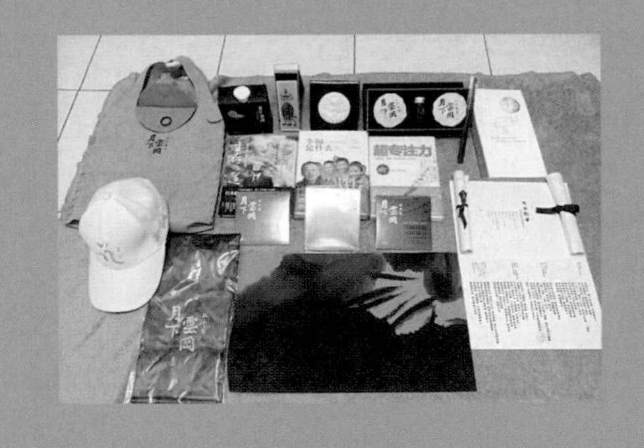

鼻

沈木香山

藏數十年

月下雲岡

名家作品

不丹的幸

舌

千歲百衲茶－含括六大茶系、台灣老茶、印度、尼

齡 3287 歲，加上 2500 年前佛陀食用米，加持能量

月下雲岡茶禮盒、月下雲岡汝窯紀念杯

雲食花宴－詠涵老師味覺校正

月下雲岡三千年 • 覺幸福特別企劃

從眼所見，耳所聞，鼻所嗅，舌所嚐，身所觸，意所思，六根的幸福覺悟，到生活中的食、衣、住、行、育、樂、遊，從身心到環境，以洪啟嵩老師思想、藝術中豐富的覺性因子、正向能量，融入日常生活各式用品，增長人類「健康覺悟 • 快樂慈悲」，促進天下大同、人間幸福、地球和平！

覺幸福空間：心茶堂 / 台灣 • 新北市新店區民權路 95 號 4 樓之 1
TEL:886-2-22198189 email:BOSA1997@gmail.com
心茶堂所有產品，皆是為了推動「幸福人間 • 覺性地球」所規劃，
一切營業所得，悉皆投入弘法利生公益事業，自利利他，自圓圓他，
善性循環所產生的效益，讓您的善心功德極大化！

、小提
放鬆禪
下雲岡

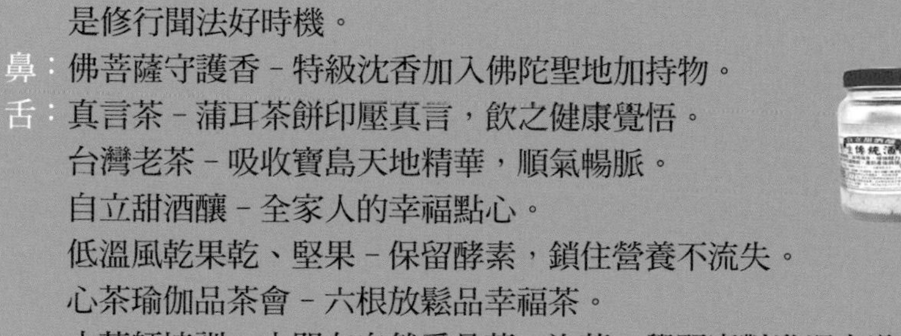

眼：藝術文創—2013< 福起地球 • 覺華牡丹 > 畫展。
耳：經典修鍊的 12 堂課、金剛經的生活與實踐 CD- 開車、搭捷運都
是修行聞法好時機。
鼻：佛菩薩守護香 - 特級沈香加入佛陀聖地加持物。

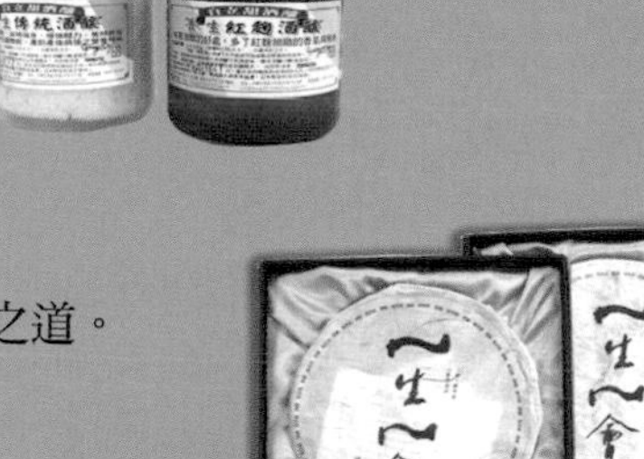

舌：真言茶 - 蒲耳茶餅印壓真言，飲之健康覺悟。
台灣老茶 - 吸收寶島天地精華，順氣暢脈。
自立甜酒釀 - 全家人的幸福點心。
低溫風乾果乾、堅果 - 保留酵素，鎖住營養不流失。
心茶瑜伽品茶會 - 六根放鬆品幸福茶。
小茶師培訓 - 小朋友自然愛品茶、泡茶，學習應對進退之道。
身：真言衣 - 釋迦牟尼佛真言守護要穴。
真言帽 - 五相成身觀真言加持護頂。
真言能量養生被 - 數百尊佛菩薩護法真言日夜守護。
妙定禪教學 - 調身養生妙法。
意：書籍、課程 / 大智度論、中論等佛法講授。
SC 超專注力 - 放鬆專注，開啟潛能，培訓地球領袖。
工作：守護月 -2014 明境月曆 - 每日陪伴您工作計劃的溫柔明境。
睡眠：睡夢禪法導引 CD - 遠離失眠、惡夢，提昇睡眠品質。
搭捷運：隨身華嚴經 - 生活中隨手可得的智慧寶藏。
修行用品：可攜式能量禪修座具 - 遠紅外線、負離子纖維，幫助坐禪
氣血通暢，可攜式設計，隨時隨地可坐禪。
臨終守護：真言淨土被 - 佛頂尊勝、寶篋印陀羅尼大咒等
上百尊佛菩薩護法真言，具力守護安養淨土。

嵩老師珍
匕供養
鶯歌陶藝
墨寶
供養

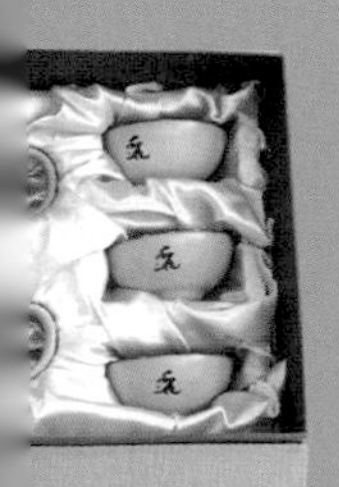

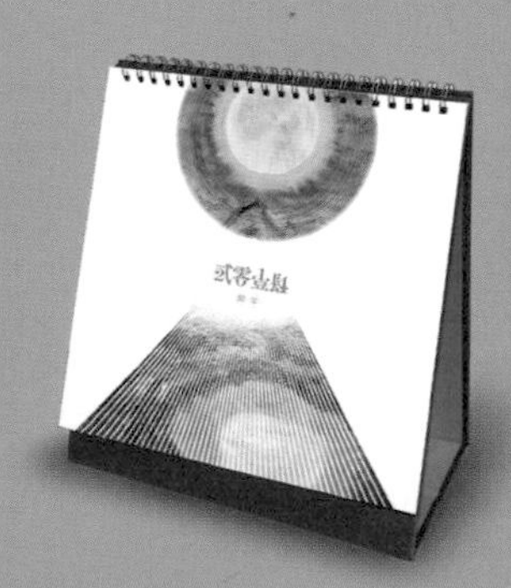

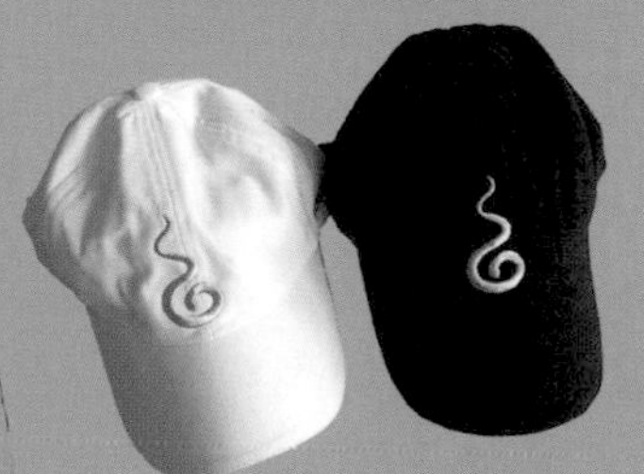

穿越時空的千年之約，啟動六覺幸福的盛會！

月下雲岡三千年

作　　者　覺性工場
編輯委員　龔玲慧 陳俊銘 蕭婉甄 龔詠涵
藝術總監　王桂沰
書　　畫　洪啟嵩
執行美編　張育甄
執行編輯　莊涵甄
平面攝影　何經泰
影音攝製　安通國際MyStory

特別感謝　雲岡石窟研究院
朝陽科技大學視傳系
上海音樂學院
國光劇團
魏海敏京劇藝術文教基金會

出　　版　覺性地球文化事業有限公司
門　　市　心茶堂•新北市新店區民權路95號4樓之1
專線：(02)2219-8189　傳真：(02)2219-6989
書庫專線：(02)2913-2199
傳真專線：(02)2913-3693

匯款帳號：222-10-029897 第一銀行大坪林分行
戶名：台灣覺性地球協會
Email：EEarth2013@gmail.com

初　　版　2013年12月
定　　價　新台幣680元

ISBN 978-986-90236-0-3（精裝）

國家圖書館出版品預行編目資料

月下雲岡三千年：穿越時空的千年之約，
啟動六覺幸福的盛會！ / 覺性工場作.
－初版. -- 新北市：覺性地球文化,
2013.12　面；　公分.
ISBN 978-986-90236-0-3(精裝)
1.佛教藝術 2.石窟藝術

224.52　　102025633